엄마의 유산

엄마의 유산,
위대한 계승의 시작 앞에서...

하얀 계절이 푸르게 필 때까지
엄마들과 함께 만났습니다.

하얀 계절이 서성이던 가로수길에 겨울 햇빛이 녹아내리는 오후, 2025년 1월 18일. 『엄마의 유산』의 저자, 김주원 박사가 마련한 〈위대한 시간〉 소식을 접한 후, 무언가에 이끌리듯 긴 여행을 잠시 미루고 그곳으로 달려갔습니다. 50여명의 사람들은 카페의 통창 너머에서, 해외를 비롯한 다양한 지역의 30여명은 온라인에서, 생의 목차에서 길을 찾는 간절함을 함께 나누었습니다. 몸과 마음으로 먼 곳을 달려 온 80여명은 꿈의 페이지가 한 장씩 넘어가는 감동과 설렘을 가슴 가득히 느꼈지요. 그 감격은 진동으로, 진동은 모두의 공명으로 이어져 진한 아쉬움을 남겼습니다. 1주일 후인 1월 25일 또 한차례 2차 온라인 만남으로 떨리는 공명이 배가 되었습니다. 이 날의 떨림은 지금도 여전합니다.

그리고 시작되었습니다.

2월부터 7월까지, 6여 개월 동안 『엄마의 유산』의 '계승'을 위해, 평범하기 그지없는 엄마들이 의기투합했습니다. 불안한 21세기를 살아갈 자녀에게 '삶에서 이것만은 알길 바라는 정신'을 엄마의 간절한 바람으로 편지에 쓰기로 했습니다. 시대적 불안을 안고 살아가야 할 자녀를 위해 삶의 통찰, 인간에 대한 사랑, 관계를 통한 공감. 이 시대 엄마라면 누구라도 하나씩은 지니고 있을 '엄마의 정신'을 '유산'으로 남기자는 뜻이 모아졌습니다. 그렇게 김주원 박사의 『엄마의 유산』에 이어 '함께 쓰는 엄마의 유산'을 위해 30여명의 엄마들이 일을 냈습니다.

그저 동네에서 흔히 만날 수 있는 평범한 엄마들입니다. 그렇게 6개월, 엄마의 정신을 담은 편지를 계승하는 쓰기의 여정은 온라인과 오프라인을 넘나들었고 드디어 7월, 12명의 엄마들 편지를 시작으로 2권의 책이 탄생했습니다.

워킹맘, 여성임원
디자이너, 교육학석사
교육자, 마케터, 회사원
그래픽 디자이너, 교사, 작가
비영리단체 활동가, 주부, 북디자이너
교수, 박사, 코치, 일러스트레이터, 세타힐링 프렉티셔너 우리의 공통점은 누구도 대신할 수 없는 엄마라는 사실입니다. 엄마란 이름은 상수처럼 변할 수 없는 생의 값이고 운명입니다. 우리의 차이점은 여러 페르소나를 가지고 있다는 사실입니다. 엄마의 역할은 변수처럼 언제든 주어진 역할을 감당할 수 있지요.

『엄마의 유산』첫 번째 시리즈에 참여하신 엄마 작가들을 한 분씩 소개하는 제 마음이 떨립니다. 이들의 편지 속 단어와 문장은 그냥 쓰여진 것이 아님을 알기 때문이지요. 지난 6개월간의 여정에는 자신과 눈물로 씨름하던 새벽과 밤이 있었거든요. 『우주의 핵은 네 안에 있어』에 참여한 6명의 엄마 작가를 소개합니다.

박지경 작가는 '공부를 왜 해야 하느냐'는 아들의 질문에 스스로 질문하고 답을 찾아가는 과정을 통해 '공부를 해야 하는 7가지의 답변'과 '공부를 잘하는 자세와 방법'을 써 내려갔습니다. 삶의 7가지 기준과 실천을 제시하여 평범한 편지의 내용 속에 비범한 이야기를 담은 그녀는 중학생 아들과 초등학생 딸과 아들, 모두 세 자녀를 둔 다둥이 엄마입니다.

안정화 작가는 자신의 배움을 통해 깨닫게 된 배움의 속성을 깊은 통찰력으로 편지에 담았습니다. 배움은 각자의 삶을 살아가며 스스로 배우고 있다는 것을 명심하기를 부탁하며, 감정을 4가지 방법으로 다루기와 감정을 잘 다룰 때 얻을 수 있는 3가지의 힘을 그녀만의 혜안으로 써 내려갔습니다. 그녀는 군복무 중인 아들과 대학생 딸을 둔 두 자녀의 엄마입니다.

안유림 작가는 사회생활을 시작한 MZ세대를 위해 숨 막히지 않고 살아남기 위한, 사회생활 호흡법을 귀찮음, 눈치, 질투, 가식으로 분류하여 그녀 특유의 경험으로 편지를 썼습니다. 사회생활 선배로서 경험한 실제 이야기를 잘 녹인 편지는 누가 읽어도 공감할 이야기이며, 새내기 출간 작가답게 삶을 레모네이드처럼 만들고 싶어하는 그녀는 5살 외동아들의 엄마입니다.

황진숙 작가는 세상이 정해 놓은 길이 아니라 원하는 길을 향해 나아가는 자녀에게 스스로 가질 수 있는 큰 야망과 헛되지 않은 야망, 의로울 야망을 품고 야망이 이끄는 대로 가길 응원하는 마음을 편지로 전했습니다. 해야 할 일과 목표와 꿈을 사랑하길 당부하며 사랑으로부터 길과 방법과 실행에 옮길 힘이 나온다는 것을 간절히 써 내려간 그녀는 대학생과 고등학생 두 아들을 둔 엄마입니다.

이화정 작가는 특별하다고 생각하지 않는 자신의 장점을 단련시킨 경험을 토대로 4차 산업혁명 시대에 가장 필요한 인간다움을 강조했습니다. 성장의 메타포를 활용하여 성장해야 하는 이유와 가장 나다운 모습으로 새로운 창조물이 될 수 있음을 편지로 써 내려간 그녀는 출가한 딸과 미혼인 딸, 고등학생 아들을 둔 세 자녀의 엄마입니다.

최보영 작가는 일상의 삶이 건네온 질문을 섬세하게 포착하여 그녀만의 사유로 자립을 길러낸 일곱 개의 질문을 고요하게 필사하듯 써 내려갔습니다. 살다 보면 경계 없이 찾아오는 감정들을 자세히 관찰하여, 무너지지 않기 위한 마음의 태도들을 어떻게 실천하면 되는지 다정하게 말하듯 적었습니다. 조용히 마음을 필사하는 그녀는 초등학생인 외동딸의 엄마입니다.

김주원 작가의 『엄마의 유산』은 그녀가 아들에게 쓴 편지가 계기가 되어 탄생했습니다. 이후 계승되어야 할 엄마의 정신으로 공저를 기획하며 엄마작가들의 삶과 글이 연결될 수 있도록 편지 한통 한통마다 정신을 담기 위한 인문학 길라잡이 역할을 하였습니다. 그녀는 코칭과 강의를 통해, 글은 정신의 메스이자 혼(魂)의 공유임을 강조하며, 실천을 통해 얻은 것을 나누는 교육자의 행위를 귀하게 여깁니다. 대학생 딸과 아들을 둔 두 자녀의 엄마입니다.

그리고 서문을 쓰고 있는 **김경숙 작가**인 저는 유일하게 엄마가 아닙니다. 아내의 이름은 있으나 아이를 잃고 태가 닫힌 아픔이 있습니다. 쓰기와 의미를 잇는 실천적 삶을 살고 싶어서 시를 쓰고 창작활동을 합니다. 있어서 소중함도 알지만, 없어서 더욱 고귀함의 가치를 알고 있습니다. 교육이 일어나는 첫 장소인 엄마의 품과 가정의 중요성을 알고 엄마들의 귀한 정신이 잘 계승되어지길 바라는 마음을 간절히 담아 이 글을 쓰고 엄마와 자녀들을 위한 12편의 시를 헌시합니다.

우리는 삶의 모범답안이 없습니다.
김주원 박사는 『엄마의 유산』에서 젊은 날의 모든 씨앗부터 열매는 어느 것 하나 버려지지 않고 자녀를 위해 마련된 드넓은 대지의 양분으로 흡수될 것이라고 전한 바 있습니다. 그녀를 시작으로 함께 하는 공저 『엄마의 유산』은 자녀에게 엄마만이 줄 수 있는 정신을 절실한 마음으로 써내려간 이 시대 모든 MZ세대를 위한 편지입니다.

벗어날 수 없는 엄마의 숙명이 밖에서 안으로, 허물어져도 괜찮을 인식이 내면에서 정신으로 흐르기 시작했습니다. 한국, 호주, 미국, 뉴질랜드에서 밤과 낮을 릴레이 하며 엄마이기 이전의 '나'와 만나고, '자녀'를 진정으로 찾아가는 여정을 함께 했습니다. 글로 삶을 나누니 나의 눈물과 그대의 고통이 우리의 아픔으로 공유되기 시작했죠.

쓰는 양이 쌓여서 질적인 변화를 이끄는 시간이기도 했으며, 보이지 않는 이면의 것을 볼 수 있는 힘도 생겨났습니다. 이해한 만큼 소유하게 되는 정신이 '쓰게 하는 힘'을 만들었습니다. 엄마의 자리에서 우리는 견디고, 살리고, 세우는 삶을 살고 있는 존재들이 었습니다. 매일 조금씩 성장하고 있는 너와 나와 우리를 만나게 되는 지점에 이르렀을 때, 솟구치며 흐르는 눈물을 서로가 바라보며 웃을 수 있었습니다.

아주 어린 자녀부터 결혼하여 분가한 자녀를 둔 14명 작가들의 연령 분포는 다양합니다. 우리는 대한민국 땅에 태어나 발달 과업에 맞는 교육편제에 적응하며 살았습니다. 생애주기에 따른 삶의 양식에 순응하며 살았지요. 부모님 세대가 살아온 삶의 방식을 답습하며 살고 있는 우리는, '엄마'라는 이름으로 다시 '자신'을 만나고 '자녀'의 본성을 새롭게 찾아가는 계기를 만들어 냈습니다.

오르막길을 잘 오르고 싶었지만 내리막길을 모른 척했고
마음에 천국을 짓고 싶었지만 지옥으로 만들기가 쉬웠고
고유한 나만의 길을 원했지만 뒤로만 가는 착각에 휩싸였고
사회생활을 잘하고 싶었지만 관계의 실체를 파헤치지 못했고
나아가길 원했지만 낡은 인식과 기준으로 두려움에 차 있었던
배움이 공부와 같다는 인식에 사로잡혀 삶과 연결 짓지 못했고
자립을 원했으나 정신의 힘이 약해 가족의 도움을 받아야 했고
저항하고 싶었지만 관습에 길들여져 순응과 적응에만 민첩했고
공부를 잘하고 싶었지만 왜 해야 하는지 제대로 질문하지 못했고
스스로 선택한 삶이라 믿었지만 타인에 부응하기 위한 것이었고

푯대를 향하지만 환경을 탓하면서 무기력과 패배에 빠져 있었고 성장하고 싶었지만 괴롭고 두려워 낯섦을 받아들이기 힘들었습니다.

하지만,
엄마인 자신들부터 내면의 바닥을 발견하곤
그 자리에서 멈출 수 없는 이유를 발견했습니다.

책을 쓰는 것이 목적이 아니었습니다.
쓰는 행위 이면에는 우리들의 육체적, 정신적 현주소를 읽어내는 맥락의 시간이 있었습니다. 좋지 않은 습관과 인식을 깨는 치열한 과정이 저마다의 무늬로 새겨져 있습니다. 살아온 생의 껍데기가 얼마나 두터운지 그리고, 얼마나 단단한지 알고 있기에 고통스러운 저마다의 골방에서 눈물을 닦아야만 했습니다.

우리 아이들에게만은 환경을 뛰어넘는 위대한 정신을 심어주기 위해 안 하던 짓을 하기 시작했지요. 새벽을 깨우고, 책을 읽고 쓰며, 엄마로서 기준과 역할을 세우기 시작했습니다. 일과 가정의 대소사를 모두 챙겨야 하는 일상은 일정한 시간을 밀도 있게 녹여내야 했고, 자발적인 고립도 결단해야 했습니다. 쓸데없이 보내는 시간과 물질도 관리하기 시작했지요. 나부터 세우기 시작하니 힘들기만 했던 것들이 하나씩 정리되는 삶을 체험하기에 이르

렸습니다.

책을 쓰는 줄 알았는데 삶을 살고 있는
나를 만나고
자녀를 찾아가게 되는 우리를
서로가 바라보게 되었습니다.

쓰기 시작한 자리에서
그만둘 수도, 거부할 수도 없는 자리를 지켜왔습니다.
지금, 여기, 이 순간에 순종하며 걷기도 하고 달리기도 했지요.
우리가 답습한 틀에 박힌 인식을 걷어내고,
현재와 미래를 살아갈 자녀를 위해
간절한 바람을 편지에 담아냈습니다.

이 편지는
우리 자녀뿐만 아니라 부모들이 보셔도 좋은 책입니다.
또한, 『엄마의 유산』의 공저를 위해
새로운 작가들이 대기하고
엄마의 정신을 계승해 나갈 것입니다.

지금 우리는 흰 빛이 가득한 겨울을 보내고, 초록빛이 무성한 여름 한가운데에 서 있습니다. 편지를 쓰는 내내 작가들은 작가이

자 엄마로서 '자신'을 만나고 '자녀'를 찾아가는 여정에서 이 책은 만들어졌습니다.

읽으시는 모든 분들이 자기안의 단단한 힘을 느끼고 엄마와 자녀가 편지를 주고 받으며 서로 깊이 공감하기를 바랍니다. 아울러 진솔한 마음들이 서로 따스하게 닿고 이어지기를 소망합니다.

엄마가 남길 정신
엄마가 쓰는 편지
『엄마의 유산』 계승을 이제 시작합니다.

시인 김경숙

차례

서문 | 하얀 계절이 푸르게 필 때까지 엄마들과 함께 만났습니다

I'm_____
야망 – 황진숙 – 18

파테마타 마테마타
기준 – 박지경 – 34

끊어진 실도 다시 이을 수 있어
자립 – 최보영 – 58

나는 뻣뻣하고 닥닥한 검은 화강암 덩어리이니
성장 – 이화정 – 82

숨 막히지 않고 살아남기 위한, 사회생활 호흡법
적응 – 안유림 – 98

우주의 핵은 네 안에 있단다
배움 – 안정화 – 138

누구나 '공감'하지만 제대로 알지 못하는 '공감'의 비밀
공감 – 이화정 – 152

우리, 공부하자!
공부 – 박지경 – 174

붙듦
갈등 – 최보영 – 192

'그냥'의 위대한 가치
행동 – 황진숙 – 210

감정도 계산이야
감정 – 안정화 – 228

엄마의 정신을 남기며 – 252

시인 김경숙의 자녀를 위한 헌시

네가 길을 떠날 때 - 32

나와 너와 우리 - 80

상을 대하는 자세 - 136

가고 싶었네, 그리고 가네 - 172

엄마의 노래 - 208

눈물을 잘 가두어라 - 248

I'm_____

네가 의대에 합격하고도
단 한 번의 망설임 없이 통계학의 길을 선택한 순간,
세상이 정해 놓은 길이 아니라,
네가 원하는 길을 향해 당당했던 그 순간,
의대까지 가기에 치열했지만 결단이 네 눈빛으로 투영되어
엄마에게 강렬하게 전달되었던 그 순간.
엄마는 네 안의 거대한 너를 봤단다.

이런 너의 의지에 어른인 엄마가 할 수 있는 것은 믿음과 지지뿐이었어. 세상의 기준은 변하지만 너는 지금의 사회적 인식이 아닌 10년, 20년, 아니 그 너머까지 네가 살아갈 세상을 예지하고, 네가 펼칠 꿈이 무엇인지, 네가 중심잡을 너의 신념은 어떠한지 스

스로 고민하고 결정하니 어찌 너의 의지를 꺾을 수 있겠니, 어찌 따르지 않을 수 있겠니, 어찌 지지하지 않을 수 있겠니. 공부를 끝내고 네가 사회에 나왔을 때 세상의 흐름이 어떨지 요목조목 설명하는 네 단호함에, 세상을 넓고 크게 보는 너의 안목에 엄마는 100% 설득당했었지.

그래, 맞아.
이젠 그런 시대가 된 거야.
사회적 인식을 너머 너의 신념으로, 용기로 그리고
너의 꿈으로 세상을 키울 그런 때가 온 것이야.

'우리가 삶에 걸고 있는 기대는 진실로 문제되지 않는다.
그러나 보다 중요한 것은
삶이 우리들에게 걸고 있는 기대인 것이다[1].'

엄마는 지방대를 졸업하고 계약직으로 사회생활을 시작했단다. 하지만 지금 엄마는 회사의 1%만 가능하다는 임원, 그것도 더 어렵다는 여성 임원이 되었지. 유리천장이라고 들어봤니? 굴러들어온 돌 취급하던 유리천장들을 엄마는 진짜 단단한 돌이 되어 와장창 박살내버린 격이었지. 단단한 바위들로 꽉 채워진 회사라는 곳

---

1 죽음의 수용소, 빅터프랭클, 청아출판사, 1994.

에서 바위들이 익숙함에 안주할 때 굴러들어 온 돌은 더 넓은 세상을 향해 더 많은 기회를 위해 바위들 틈에서 새롭게 두각을 내기 시작했던 것이야. 물론 가끔은 이 융통성 없이 딱딱하기만 한 거대한 바위에 부딪혀 깨지기도, 곪기도, 마음이 무너지기도 했지만, 시간이 지나니 이 굴러온 돌이 단단한 다이아몬드로 변해 있었단다. 스스로 빛을 내는 다이아몬드 말이야!

앞으로 엄마는 많은 사람들에게 엄마의 경험을 나누고 싶어. 워킹맘으로 오랫동안 일을 하면서 경험한 상황마다의 이야기를 나누고, 사람들이 엄마의 경험을 토대로 더 큰 자신으로 당당하길 바란단다. 엄마는 엄마의 한계를 스스로 만들지 않았거든. 왜냐하면 엄마는 우리 각자에게 신이 주신 푯대가 있다는 것을 믿고 있었으니까. 엄마가 개척해 낸 그 길 끝에 푯대를 꽂을 것이란다.

불안의 시대, 안정만을 찾는, 목적도 목표도 없이 사는, 심지어 무기력에 빠진 사람들에게 신이 주신 그 푯대를 꺼내라고, 손에 꽉 쥐고 지금 즉시 당당히 앞으로 걸으라고, 엄마의 경험을 엄마의 입으로, 손으로 세상에 내놓고 싶어. 그래서 지금 이 글을 통해 네게 먼저 말하는 거야. 엄마의 믿음, 그리고 엄마가 오랫동안 지켜온 정신을 이 글을 통해 드러내는 것이야.

엄마가 초라한 이력으로 처음 사회에 나왔을 때, 환경을 탓하고 살

앉다면 엄마 몫으로 신이 주신 푯대는 아마 어디 있는지 찾지도 못했겠지. 그저 환경 탓, 사회 탓, 상사 탓에 그냥저냥 살았겠지. 무기력에 빠졌을지도, 패배감에 젖었을지도 모르지. 계약직이지만 엄마는 분명 엄마의 역할이 있다고 믿었거든.

그랬더니 정규직의 기회가 주어졌고, 직장을 다니며 공부를 이어 갔고, 사내 정치가 난무한 환경에서도 엄마의 장점, 실행력! 실행력으로 업무를 대하니 시간과 더불어 신뢰와 능력이 쌓여 임원의 기회가 주어졌고 그렇게 계속해서 다음 내가 갈 자리, 내가 쓰일 역할을 미리 고민하게 됐어. '마치 은행이 발행한 지폐를 대하듯 자기 자신과 자신의 사상에 대해 집념을 갖고 행하는 자는 이미 그 보상을 받고 있는[2]' 것이란다. 그래서 푯대를 알고, 믿고, 자기 손에 당당하게 쥔 사람은 반드시 결과를 만들게 되어 있어.

마거릿 대처는 철의 여왕이라는 개혁의 상징으로,
넬슨 만델라는 인종차별을 종식한 지도자로,
헨리 포드는 포디즘이라는 생산방식으로 자동차의 대중화로,
빌 게이츠와 스티브 잡스는 디지털 시대를 여는 혁신의 대명사로,
무하마드 알리는 링 위에서 포기를 모르는 복싱 선수로,
수많은 선구자가 이를 증명했지.

---

2 키에르케고르선집, 쇠렌키에르케고르, 집문당, 2014.

"당신은 5년 뒤, 10년 뒤 어떤 모습이길 원합니까?"
엄마가 채용 면접을 할 때 묻는 질문이야.
그런데 대다수가 대답을 못 해.
신입사원뿐만 아니라 경력직을 채용할 때도 마찬가지지.
왜일까?
스스로가 생각해 본 적이 없었던 거야.

"너의 5년 뒤, 10년 뒤는 어떤 모습이니?"
이제 네게 물어볼게.
왜 그 모습을 원하니? 그리고...
간절하니?

'소년이여! 야망을 품어라!' 너무 흔한 말이지? 때론 진부하고 흔한 말 속에 인생에서 풀지 못한, 풀리지 않는 해답이 들어있단다.
왜 소망을, 희망을 품으라 하지 않았을까?
왜 야망(野望)[3]은 야망일까?

들판에 너를 세워라.
들판에서 너의 꿈을 품어라.
들판에 선 너의 미래를 믿어라.
탁 트인 넓은 들판을 머리 속에 그리고 너를 세워 봐.

---

3 야망(野望) : 들 야(野), 바랄 망(望).

끝없이 펼쳐진 초원, 하늘과 맞닿은 지평선에서 멀리까지 시야가 트인 그 곳, 상상만으로도 네 눈 가득 초원이 펼쳐지지? 그 드넓은 대지에서 넌 무얼 갈망하고 갈구할까? 야망은 태초의 사람이 산과 들, 두 개의 지형에서 큰 나무와 동굴이 있는 익숙한 산에서만 살다가 어느 날 터전을 옮긴 것이야. 산에서 들판으로 내려온 것이지. 인간의 두려움이 가장 극도에 달했던 시기였을 거야. 터전이 바뀌는 것은 예측할 수 없는 하루하루를 예고하니까.

지금, 이 시대가 그렇지 않니? 안전과는 거리가 먼 불안을 담보한 시대, 그러니까 태초의 인간과 흡사해서 '신인류'라는 신조어가 탄생했을지도 모르겠다. 하지만, 들판으로 내려온 인류는 이 새로운 터전이 기회임을 알았어. 억세지 않은 연한 풀과 더 많은 먹거리가 풍부한 것을 발견했던 것이지.

> '길을 아는 것이 아니라, 길을 만들어 가는 것이다.
> 삶은 이미 정해진 길을 따라가는 것이 아니다.
> 누구도 너의 길을 대신 걸어줄 수 없고,
> 누구도 너의 삶을 대신 살아줄 수 없다.
> 그러니, 너는 너만의 길을 만들어야 한다.
> 그 길 위에서 넘어지고, 다시 일어서며,
> 그렇게 너는 너 자신이 되어가는 것이다[4].'

---

4 니체의 인생수업, 프리드리히니체, 하이스트, 2024.

너는 너를 들판에 세웠지. 새로운 시대, 네가 원하는 공부의 길을 가기로 했잖니. 엄마도 지금 들판에 엄마를 세웠어. 이제 첫 삽을 뜰 거야. '글'로 말이야. 엄마의 경험을 글로 말로 전하는 미래를 그리고 있거든. 고되다. 힘들어. 어렵고. 하지만 엄마의 영(靈)은 점점 맑아지는 것을 느낀단다.

끼니를 걸러도 배고픈지 모르겠고 밥을 하다가도 산책하다가도 글감이 떠오르면 어떻게든 적게 되고, 이 모든 것들이 황무지인 들판을 개척하는 재료가 되어줄 것이라 여기니 마구마구 영감이 떠올라. 잠시도 쉴 틈 없이 바쁜 일상에서도 '글길'이 생기고 있어. 엄마는 들판에 엄마만의 길을 내는 중인 것 같아. 그렇게 맘 먹으면 길이 나고 길이 나면 엄마만의 길이 만들어질 것을 믿어.

엄마의 야망은
바라는대로 들판에 길을 내어 엄마를 걷게 할 테고,
생각하는대로 연속적으로 해야 할 일이 주어져 개척할 테고,
꿈꾸는대로 푯대가 기다리는 무대에 닿게 할 테고,
실천하는대로 텅 빈 들판은 엄마의 바람대로 만들어지게 할 거야.

이 무한한 들판을 다듬고 채워 가야 하니 쉴 틈이 없다. 엄마의 꿈을 새긴 푯대가 기다릴 그 들판에서 엄마는 엄마의 무한함과 미래를 긴 호흡으로 들이고, 내뱉고 있단다.

아이야,
들판에서 당당히 네 꿈과 마주하거라!
더 높은 우주에서 세상을 보고,
더 넓은 세계에서 공부하고,
더 깊은 바다에서 너를 놀게 하여,
더 많은 사람에게 의로운 이가 되어라.

새로운 시작 앞에 서는 두려움은 태초의 인류가 나무에서 땅으로 터전을 옮긴 것과 같다고 했지? 너의 두려움도 그럴 것이야. 기회도 넘쳐나지만, 그 이상으로 위협과 위기도 엄청나겠지. 어찌 어둠 없이 빛이 존재할 것이며 어찌 혼돈 없이 평화로울 수 있겠니? '자신의 창날을 갈고 닦는 사람은 그와 동시에 자신의 용기도 갈고 닦는 사람이란다. 창날을 가는 것을 수치로 여기는 사람은 실상 자신을 겁쟁이로 여기는[5] 거란다.'

그러니 아이야.
야망을 가슴에 품고 푯대를 향해 들판에 홀로 선 너는
끊임없이 너 스스로에게 물어야 한단다.
엄마는 지금 상상할래.
네가 스스로에게 어떤 질문을 하고 어떻게 행동으로 답하는지를.

---

[5] 키루스의 교육, 크세노폰, 현대지성, 2021.

잡초가 무성한 이 적막한 낯선 들판, 나는 무엇부터 해야 할까?
심장이 쿵쾅대고 뭔가가 쑥 나타나 네 발목을 확 부여잡을 것 같지? 두려워 벌벌 떠는구나. 하지만 손으로 뛰는 심장을 꽉 쥐고서 두려움이 발목을 움켜쥐기 전에 한발을 떼는구나. 딱 한발. 그 한발이 너를 가능성으로 진입시킨다는 사실을 이미 알고 있구나.

뜨거운 태양, 강한 비바람, 자연의 훼방을 어찌 피할 수 있을까?
뜨거운 태양엔 옷을 벗고 비바람엔 옷깃을 세우고 그저 걷는구나. 자연의 훼방을 결코 원망하지 않고 너를 단련시킬 기회라 여기며 너는 결코 피하거나 막지 않는구나. 어차피 통제할 수 없는 자연이기에 너는 너를 통제하는구나. 포기할까 싶지만, 결코 너는 주저 없이 앞으로 걷는구나.

반쯤 왔을까? 어디까지 가야 할까? 돌아갈까?
회차로가 보이는구나. 어디까지 가야 할지 몰라 되돌아가고 싶지만, 너무 멀리 와버렸기에 회차로를 도는 것은 어리석음이란 사실도 알게 됐구나. 되돌아가는 것이 오히려 편하기는 커녕 더 고통이라는 사실, 포기가 가장 쉽다는 사실을 드디어 깨달았구나.

아무도 가지 않는 그 길을 왜 가냐고, 도대체 무엇 때문이냐고?
처음엔 가고 싶어서였지만 이제 '꼭 가야 한다'는 단단한 너의 목소리가 들리는구나. 네 도전의 목적이 무엇이었는지, 그 첫발을 내디딜 때의 마음을 계속 떠올리는구나. 길고 험난한 네 도전의 여정이 퇴색되지 않도록, 결코 헛.된.야망이 되지 않도록, 가장 큰 두려움은 '지난 고통이 가치 없어지는 것'임을 너는 알게 되었구나.

도와달라고 할까? 외로운데? 끝까지 혼자 갈 수 있을까?
시작부터 혼자였다고. 혼자서도 감당할 야망이었다고. 그래서 야망인 것이라고. 깡 좋게 내뱉으며 쿨내 진동하며 걷는구나. 야망을 품고 디딘 첫발이 너를 무던히도 강하게 키워냈구나!

엄마가 눈을 감고 상상 속에 그린 너의 모습은 정말 감동이란다. 얼마나 긴 거리를 혼자서 꿋꿋이 걸어왔는지. 왜 이런 무모한 길을 가냐는 수없이 많은 도전적인 질문에, 네 걸음을 훼방 놓는 자연에, 너와 잠시 함께 걷다 뒤돌아선 사람들, 중간중간 되돌아가라고 유혹하는 회차로에서 너를 버티게 해 준 것은 너의 정신일 것이야. 너의 꿈이 깊게 주름을 낸 정신. 힘든 상황마다 감정이 앞섰다면 결코 이 들판에서 버티지 못했을 것이야. 너의 처음 한 발짝으로 시작된 걸음이 너의 단단한 정신이 되어 너의 여정을 이끌게 된 것이란다.

'하고 싶다'에서 '해야 한다!'로.
'해야 한다'에서 '해낸다'로.
'해낸다'에서 '이미 해냈음에 감사하다'로.

들판에 너를 세웠을 뿐인데,
들판은 너에게 강인한 정신의 길을 내어주었네.
들판의 저 끝이 너의 야망의 푯대가 되어 널 이끌어주었네.
네 야망이 너만의 들판을 만들어주었네.

아이야!
네가 품은 야망이 그저 헛된 야망이 되지 않기 위해 네가 들판을 걸으며 무수히 묻고 대답하고 실행할 수 있었던 것은 분명히 너의 야망이 이상적이며, 그것을 이루기 위한 너의 실행은 반복적이었으며 무엇보다 시대가 너의 야망을 원했기 때문일 거야.

어떠니?
야망을 품고 들판에 세운 너!
두렵니?
'우리의 가장 깊은 두려움은 우리가 부족하다는 것이 아니라, 우리가 측정할 수 없이 강력[6]'하다는 것이야.

들판에 스스로를 세운 너는 이미 더할나위없이 강력한 너였어. 우리는 자신의 부족함으로 두렵다고 여기지만 진정한 두려움은 우리가 가진 힘이 얼마나 대단한지 깨닫는 순간에 드러나. 그러니 그 깨달음 전의 감정은 두려움이 아니야. 그저 낯선 것이지...

---

6 A Return to Love, 마리안윌리엄슨, HarperCollins, 1992.

아이야, 너의 깊은 두려움은 부족때문이 아니라, 측정할 수 없이 강력한 네 안의 야망때문이란다. 너는 강해! 그리고 네가 가진 힘은 측정할 수 없이 거대하고. 계약직으로 시작했던 엄마의 야망도 그렇게 엄마가 강하다는 것을 믿게 했고 야망을 이뤄줬어. 지금 엄마의 야망도 엄마가 강하다고, 그러니까 다시 또 시도하라고 이끌어. 이 강한 심정으로 너에게 말한다.

우리,
우리의 강인한 정신을 믿고
우리가 펼칠 세상을 향해
우리의 야망을 드러내어 보자.
이제, 한 발짝 크게 내딛자꾸나.

급격하게 변하는 세상에서 안정된 직업을 선호하는 지금 젊은 세대들, 공무원이, 의대 열풍이 부는 우리 사회가 엄마는 어른으로서 안타깝단다. 이런 사회의 기성세대로서 미안하기도 하고. 이렇게 시대가 불안정하다 보니, 기성세대인 엄마부터 너희에게 안정적인 삶을 추구하라고 하는 건 아닌지, 우리의 편협한 단정과 규정으로 너희들의 무한한 가능성을 꺾는 건 아닌지.

하지만, 아이야. AI로 없어지는 직업만큼 새로 생겨나는 직업도 많아질 것이야. 시간과 공간에 제약을 받지 않는 아주 새로운 세상이 펼쳐지는 지금은 불안정한 시대가 아니라 무한한 가능성의 시대라고 엄마는 주장하고 싶어. 그리고 너는 엄마의 주장을 증명해 주는 증인이 되어 주길 바란단다.

바오바브나무는 혹독한 환경에서도 수백 년을 견디며 극심한 가뭄에도 끄떡없지. 줄기에 엄청난 양의 물을 저장하지. 그리고 줄기의 물을 최대한 빨리 공급받을 수 있도록 아주 촘촘하게 뿌리 모양처럼 가지를 뻗쳐. 멀리서 보면 나무가 거꾸로 서 있는 것 같단다.

척박한 환경을 탓하지 않고 수백, 수천 년을 살며 오히려 더 잘 살아갈 방법을 터득한 바오바브나무! 아프리카 황량한 벌판에 덩그러니 크는 나무는 고통을 감내하며 자기 가지를 살찌우고, 비가 오면 담아낸 물을 가뭄에는 자기를 위해서뿐만 아니라 목말라하는 사람들에게도 내어주지. 그렇게 수세기를 살며 품은 야망만큼 나무의 우람한 자태는 황량한 들판을 바오바브나무 숲으로, 품위 넘치는 들판으로 만들지.

야망을 품고 달리는 너는 바오바브나무 같을 것이고 네가 뛰는 들판은 바오바브나무의 숲과 같을 것이야. 당장 손에 잡히는 성과는 보이지 않을 수 있어. 하지만 분명 몇백 년 동안 자기만의 생존법을 알아낸 이 위대한 나무처럼 인고의 시간은 결코 헛되지 않단다.

그러니 남들이 정해놓은 길이 아닌,
누구도 가지 않은 길을 개척하며 나아가라.
네 꿈의 크기에 제한을 두지 말고,
더 키우고 더 풍성히 더 널리 쓰이는,
모두에게 이로운 바오바브나무 같은 네가 되어라.
너의 야망이, 너를, 그렇게 만들어 줄 것이야.

아이야,
야망을 품고 들판에 너를 세워라.
네가 가질 수 있는 가장 큰 야망,
세상에 의로울 야망을 깊이 깊이 품고 또 품어라!

이제 펜을 들어라.
너의 풋대에 꽂을,
너의 머릿 속에 떠오른,
너만의 야망을 적어보렴.
지금!

I'm _____

_____

_____

_____

I'm _____

네가 길을 떠날 때

아이야
걸어온 길을 제대로 알려면
뒤를 돌아보아야 한다
앞만 보고 걸을 때 보이지 않던
지나간 자취들이 한눈에 들어올 때
어떤 길을 걸어왔는지
그제야 안다

아이야
걸어가는 길을 제대로 알려면
높은 곳에 올라가 내려다보아야 한다
그곳이 어디쯤인지
둘러싸고 있는 것들은 무엇인지
그제야 보인다

아이야
걸어갈 길을 떠나고자 할 때
눈을 감고 상상해야 한다
어떤 길을 어떻게 갈 것인지
스스로 다다르고자 애쓰지 말고
왜 그 길을 다시 나서는지 그려 보아야 한다

그래야 새 힘을 얻는다

아이야
길에서
너 자신에게서
눈을 떼었을 때

바라보기는 시작된다

파테마타 마테마타

'세상 사람들은 사소한 의무와 일들 때문에 자신이 알고 있는 **더 차원 높은** 일들에 몰두할 수 없다고 너나없이 **불평**하곤 합니다. 하지만 만일 그들이 **결심하고** 그 모든 **사소한 문제들에서 벗어난다면** 그들은 즉각 차원 높은 일들에 생을 바칠 수 있을 것이고, 나머지 마치 숨 쉬는 일처럼 **자연스럽게** 잊어버릴 것입니다. 그들은 결코 **시간이 없어서** 어떤 일을 못 한다고 말하진 않을 것입니다. **책임감 있는 삶**을 사는 사람이라면 중요한 일을 제쳐두고 다른 일을 하지는 않습니다[1].'

---

1 구도자에게 보낸 편지, 헨리데이빗소로우, 오래된미래, 2005.

아이야. 평소 평범해 보이는 글이 정신을 번쩍 차리게 하는 경우가 있단다. 엄마는 위의 소로우의 글귀가 그랬어. 삶의 기준을 찾는 엄마의 고민이 깊었는데 소로우의 글에서 기준을 발견했거든.

글 속에 담긴 7개의 어휘들.
'더 차원 높은 일', '불평', '결심하고', '사소한 문제들에서 벗어난다면', '자연스럽게', '시간이 없어서', '책임감 있는 삶'.

왜 그랬을까. 이 글을 읽는데 갑자기 이 어휘들이 자음과 모음으로 흩어져 엄마에게 다가오더니 하나씩 엄마 앞에 줄을 서더구나. 그렇게 가슴에 하나씩 들어왔어. 아마도 기준없는 모호한 삶에 답답하기만 했던 당시의 심정이 이 어휘들을 끌어당긴 것 같아. 아무튼 이 글자들로 인해 엄마는 좀 더 간단하고 명료한 삶을 살 수 있겠다는 판단이 들었지. 왜 이 문장들이 엄마 가슴을 뒤흔들었는지, 엄마 삶에 기준이 되었으면 했는지 네게 얘기하고 싶어. 그럼 엄마 가슴을 뛰게 한 7가지를 말해볼게.

우선, '더 차원 높은 일'
엄마가 다다르고 싶은 그 길에서 절대 벗어나지 말자 다짐했어.

누구도 태어나길 원해서 태어난 사람은 없지.
그렇다면 누구나 태어나야 할 이유가 있어서 태어난 것이겠지?

이 말은 '세상에 해야 할 어떤 의무가 있어서'를 의미하겠지?
엄마는 '더 차원 높은 일'이 바로 그것이라 여겨져.

거창하게 '사명'이라고 말하고 싶어. 각자가 이루어야 할 사명은 누구나 있다고 하더라. 엄마에게도 있겠지. 너에게도 있을 테고. 그것을 찾고, 알고 그 차원 높은 삶을 살아보려 해. 그것이 엄마의 첫 번째 기준이야. 이러한 기준으로 산다면 결코 그릇된 선택이나 행동을 하지는 않을 테니까 말이야. 혹시나 어떤 이유에서 궤도를 이탈하더라도 정해 놓은 기준을 보며 다시 방향을 다 잡고 자신의 '더 차원 높은 일'을 향해 나아갈 수 있으니까.

'자기 인생에 확실한 목표를 세워 두지 않는 자는
특수한 행동을 처리해 갈 길이 없다.
낱낱으로 된 전부의 형태가 머릿속에 가다듬어지지 않는 자는
그 조각들을 정리할 수 없다.
무슨 그림을 그릴지 모르는 자에게
물감을 주어서는 아무 소용없다.
아무도 자기 인생에 확실한 계획을 세우지 않는다.
그리고 우리는 그 한 부분밖에 고찰하지 않는다.
활을 쏘는 자는 먼저 어디를 겨눌지 알아야 한다.
거기다가 손과 활, 시위, 화살, 그리고 동작을 맞춰야 한다.
우리 의도는 종잡지 못한다.

거기에는 아무런 방향도 목표도 없기 때문이다.
가야 할 항구가 없는 배는 어떠한 사람도 소용없다[2].'

두 번째, '불평'

이 기준은 엄마에겐 좀 어려웠지만 도전해볼 만한, 아니 꼭 지녀야 할 기준이야.

' 'ㅂ'으로 시작되는 단어는 별로 도움이 안 돼. 'ㅂ'에 사는 동네는 바보 동네야. 왜냐하면 애네들은 자기들끼리 똘똘 뭉쳐서 널 상실감에 빠뜨려. 상황이나 현상에 불안해지면 이에 대한 방어기제로 현상을 보정하게 되고 보정은 불쾌한 감정을 통해 불평이나 불만 섞인 언어와 행동으로 드러나며 이는 사실을 왜곡, 오류화시킬 가능성을 높여서 결국, 자신의 안전한 공간으로 비겁하지만 숨겨줄 수 있는 변명을 찾게 돼. 변명은 사실과 다르거나 왜곡된 것이기에 옳게 포장되기 위해서 현상을 비난하도록 이끈단다. 왜냐하면, 관계란 정당성의 대립이니까 대상을 비난 내지 부정하면 자신의 정당이 상승하거든. 비교에 의한 일시적인 상승은 곧 추락을 예고하는데도 불구하고 그렇게 자신을 이끌지. 비난은 변명의 몸집을 더 강하게 키우고 수습이 안 될 정도의 비굴한 아첨꾼으로 자신을 내몰고 스스로가 비참해지는 꼴을 면치 못하게 되면서 결국 비웃음의 대상이 돼. 스스로 자신을 바보로 만든 것이지. 여기서 더 나

---

2 나는 무엇을 아는가, 몽테뉴, 동서문화사, 2005.

아가 심연의 자아는 자신을 배신하여 바보로 만든 현실의 자아에 보복하기 위해 강인함을 버리고 불쌍한 자아를 자처한단다. 이렇게 불쌍하고 부실하고 부진해진 심연의 자아는 현실의 자아가 무너지든 말든 아랑곳하지 않고 자아를 부정하며 비애 속에 자신을 가둔 채 현실적 자아와 심연의 자아를 분리시켜 버리기도, 더 악하게는 분절시켜 버리기도 해. 무섭지...[3]'

'ㅂ' 동네에 살지 않기. 한동안 아주 오래 'ㅂ' 동네에 살았던 엄마는 매사에 남들과 비교하며 불만이 가득한 채 불평도 많았고 그래서 불안했지. 이제는 '불평'이 가득한 부정성이 강한 동네가 아니라 미래를 그리고 그것을 이루며 긍정적으로 살고 싶거든. 그래서 'ㅂ'동네에 살기는커녕 가지도 않겠다는 기준을 잡은 것이야. 이런 기준으로 살려면 말부터 바꿔야겠지? 말이 바뀌려면 머릿속의 마인드부터 바꿔야 하고. 들어있는 대로 나오는 것이니까. 말이 바뀌면 글도 바뀔 테고 말이야.

세 번째, **'결심'**
무슨 일을 시작할 때는 포기 먼저 하기로 했어.

엄마도 결심한 것들이 많았지. 하지만 엄마는 작심삼일이었어. 왜 그런지 가만히 생각해 보니까 결심은 순간 할 수 있을 것 같은 '기

---

3 엄마의 유산, 김주원, 건율원, 2024.

분'에 취해서, 그러니까 감정적으로 '이렇게 해야지' 생각만 했더라고. **어떤 일을 해내겠다는 것은 감정보다 행동으로 쭉 연결돼야** 하는데 말이야.

그래서 '결심'을 하는 순간 먼저 '결단'부터 하기로 기준을 세웠어. 하고 싶은 것을 양손에 쥐고 결단할 수는 없어. 같은 시간에 둘을 다 할 수 없지 않겠니? 양손에 사과를 들고 또 다른 과일을 손에 쥘 수 없잖아? 그래서 '안정된 삶의 질서란 안정을 추구하는 마음의 포기를 포함[4]'하는 것이야. 엄마가 새벽잠과 사람들의 만남을 포기하고 새벽 독서를 선택한 것처럼 새벽에 책을 읽으려면 잠과 사람들의 만남을 포기해야 했지.

앞서 말했듯이 '더 높은 차원의 삶'을 원해서 새벽독서를 시작했는데 친구도 만나고 놀기도 하면서 어떻게 높은 차원으로 살아질까? 새벽에 책을 읽고 글도 쓰려면 낮에 이리저리 사람들과 어울리는 시간들을 줄이거나 없애야 하지 않을까? 그리고 이번에 공저작업을 시작하면서도 더 디테일한 결단이 필요했지. 너희들 반찬수를 조금 줄였잖아.

바로 이것이 결단이야. 무언가를 결심한 순간 끊어낼(斷, 단) 것들을 먼저 행하는 것이지. 엄마가 이 기준을 세우고부터는 무의식적

---

4 깊은 마음의 생태학, 김우창, 김영사, 2014.

으로 포기 리스트를 작성하고 있단다. 확실히 **구체적으로** 적어 보니 우선순위가 더 확실해지더라. '쓰는' 행위의 힘이지.

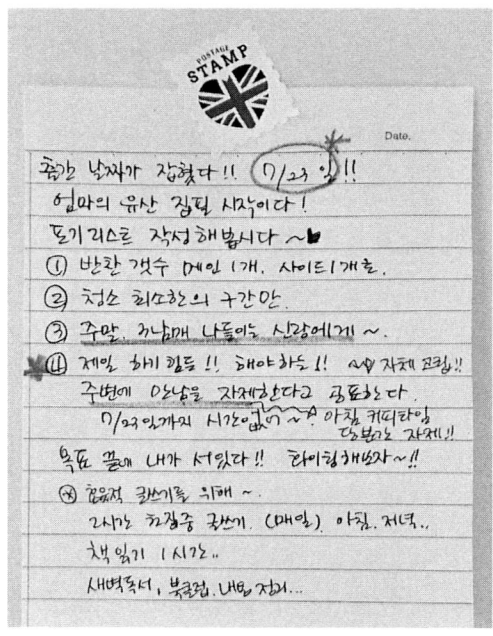

〈 출간을 마음먹고 결단한 포기리스트 〉

결단을 내렸으면 이제 '끊어낸' 그 자리를 차지한 '해야할' 것에 무조건 집중해야 해. 처음부터 성공할 수는 없었어. 분명 한 번씩 빠뜨리기도 하지. 하지만 그래도 계속해 나가는 정신을 붙들고 있어야 해. '가장 쉬운 것부터 시작했음에도, 천천히 서두르지 않고 연습했음에도 성과가 지지부진하다고 해서 자꾸만 자세를 바꾸고,

생각을 고치고, 이것저것 다 해보려고 하기 보다는[5] 처음에는 의식적으로 반복해서 하고자 하는 일을 해야 해. 그렇게 몸에 습관으로 배이게 만들고, 또 습관에서 아무 생각 없이 하는 단계까지 올려놔. 무의식적으로 그냥 하는 단계. 그냥 생각 없이 하는 단계까지 가야 안심할 수 있어. 안 그럼 결단한 것을 잘 실천하다가도 포기하게 되기 때문이야.

네 번째, '사소한 문제들에서 벗어난다면'
엄마는 문제가 생겼을 때 엄마 자신을 키울 기회로 받아들이기로 했어.

아이야. 고민으로 머리를 싸매고 오해를 풀려는 노력이 때로는 수포로 돌아가는 경우도 많단다. 그러다가 관계는 다시 되돌릴 수 없는 길을 가기도 해. 아마 엄마가 책을 읽게 된 계기도 관계에서 길을 잃었을 때였던 것 같아.

'한 가지 목표에 전력을 다하는 사람들은
그날을 기다리며 대부분의 시간을 견뎌낸다.
이런 사람들은 삶의 자잘한 것들에 얽매이지 않는다.
카푸치노 커피가 너무 뜨겁든 혹은 차갑든,
웨이터가 미적거리든 아니면 이래라저래라 간섭이 많든,

---

5 타이탄의 도구들, 팀페리스, 토네이도, 2024.

음식에 양념이 너무 많이 들어갔든 아니면 너무 적게 들어갔든,
호텔 숙박비가 광고에 나온 것보다
비싸든 싸든 괘념하지 않는다.

더 원대하고 멋진 것에 마음이 사로잡혀있기 때문이다[6].'

나심 탈레브의 말처럼 문제보다 엄마가 더 커지니 이제는 그렇게 안달복달했던 것들이 다 부질없음을 느꼈어. 그냥 엄마가 문제보다 더 큰 사람이 되면 아무것도 거침없이 나아갈 수 있다는 것을 느꼈지.

그래서 엄마만의 시간을 더 많이 확보해서 엄마를 키우는 데 집중하기로 한거야. 이제 더 원대하고 멋진 것에 마음이 사로잡힌 것이겠지?

다섯 번째, '자연스럽게'
자연이 제 속도대로 가듯 엄마도 엄마의 속도로 가려고.

주말에 함께 텃밭에 가면 여러 채소를 보지. 오이는 정말 물을 많이 먹는 채소야. 여름에는 이른 아침이나 저녁에 물을 듬뿍 줘야 곧고 바르게 큰다는 것도 이제는 알지. 엄마가 오이에 정성을 들

---

[6] 블랙스완, 니콜라스나심탈레브, 동녘사이언스, 2018.

인 만큼 오이도 엄마에게 먹음직스러운 오이로 보답하지. 그렇지 않으면 진딧물이 온 줄기를 뒤덮어 옴짝달싹 못 하게 만드는 것을 보고 놀랐지. 오이를 키우기로 했지만, 물주기를 게을리하면 예쁜 오이를 받아내지 못하는 거야. 물만 잘 줘도 꽃이 피고, 꽃이 진 자리에 아주 작은 아기 오이가 달린 것을 보고 우리는 환호했었지.

'말없이 눈에 띄지 않게,
그러나 확실히.
우리가 말하는 응보라는 것은
우주의 필연적 법칙이고,
그 법칙으로 부분이 나타나는 곳에는
반드시 전체가 나타난다[7].'

처음에는 표가 나지 않겠지만 지금은 엄마보다 더 키가 커버린 너처럼. 뭐든 자기 속도가 있는 법이야. 빨리 가야 할 때는 빠르게, 천천히 늦춰야 할 때는 천천히. 그렇게 엄마는 성장할 거야. 남과 비교하지 않고 엄마의 속도를 지키되 하고 있는 일의 속도에 맞춰서 엄마를 키우는 것이지. 이 기준은 남들 보며 비교할 시간에 엄마 자신과 엄마가 하는 일에만 집중하는데 아주 효율적인 기준이 되었단다.

---

7 에머슨 수상록, 랄프왈도에머슨, 서문당, 2014.

여섯 번째, '시간이 없어서'
이제 시간 없다는 핑계는 버리려구. 엄마의 시간이 어디로 쏠리고 있는지 확인했거든.

그 유명한 아이젠하워의 '시간매트릭스[8]'에 엄마의 일상을 대입해 봤거든. 그중에 긴급하지 않지만 소중한 일. 그러니까 책 읽기나 운동이 좋은 예가 될 텐데, 급하지 않지만 절대 쌓이지 않으면 인생에서 큰 탈을 낼 만한 소소하지만 소중한 것들이잖아. 이것들을 하나씩 채우면 분명 인생 전반이 원만해질 것이거든. 몰라서 헤매거나 아파서 시간을 잃어버릴 경우는 없겠지? 지금 엄마가 가장 중요하게 여기는 시간이 그래서 새벽 독서와 글쓰기, 그리고 수영이야.

> '요란스럽게 동요하는 마음은
> 거기에 잡힐 거리를 대어 주지 않으면
> 자기 자신 속에 사라져 버린다.
> 그러므로 항상 이 마음이
> 부딪혀 행동할 수 있도록
> 목표를 주어야 한다[9].'

---

8 아이젠하워의 시간 관리 매트릭스에서 중요도와 긴급성으로 좌표 평면도에서 1사분면의 중요 및 긴급은 우선 처리 2사분면의 중요 및 미긴급은 일정을 계획하고, 3사분면의 미중요 및 긴급은 위임을 4사분면의 미중요 및 미긴급은 시간을 나눌 때 제거한다.
9 나는 무엇을 아는가, 몽테뉴, 동서문화사, 2005.

아무 생각 없이 중요한 일인지 아닌지 생각도 안 하고 남들이 하니까 그냥 따라 하는 것은 엄마에게 치명적인 약점이었지. 중요한 일부터 의무를 다하고 나머지를 하는 습관을 들이는 게 참 어려웠어. 그래도 스스로 절제하고 상대방에게 거절하는 노력을 하니 이제는 제법 엄마의 중요한 것들이 확보되고 있어.

아이야, 살면서 '시간없어서'라는 표현을 숱하게 하게 된단다. 그때엔 꼭 엄마가 그랬던 것처럼 가장 소중한 것. 바쁘다는 핑계로 밀쳐뒀던 그것을 소환해보렴. 그리고 그 소중하지만 방치했던 그것부터 의식적으로 꼭 해 봐. 분명하게 너도 알 수 있을 거야. 그 몇가지 소중한 것을 해냄으로써 나머지 널 힘들게 하던 많은 것들이 해결된다는 것을 말이야.

일곱 번째, **'책임감 있는 삶'**
책임이란 참 무겁고 무서운 단어란다. 책임감이 무엇인지 아는 사람은 중요한 일을 두고 다른 일에 관심 두지 않아.

책임(responsibility)은 반응(response) + 능력(ability), 그러니까 '책임이란 반응하는 능력'이야.

사람에, 대상에, 사물에, 현상에, 사회에, 시대에 어떻게 엄마가 반응하는지, 얼마만큼의 능력을 지니고 있는지. 그것을 알고 행하는 것이 책임이야.

파테마타 마테마타.
'아픔을 통해 배운다'라는 고대 그리스어야.
책임을 지려면 이 마법의 주문에 걸려들어야 해.

제대로 책임지려면 고통은 분명히 거쳐 가야 할 과정이라는 것을 알게 되고 고통이 신기하게도 고통스럽지 않게 된단다. 마땅히 치러야 할 다소 불편한 감정 정도가 되지. 그러니 책임진다는 것은 고통 속으로 스스로를 몰아가 오히려 고통을 즐기는 능력이기도 한 것이야. 엄마가 읽은 책 가운데 진정한 책임이 무엇인지, 그 범주가 얼마나 광범위한지를 알려준 문구가 있는데 잘 읽어보렴.

'힘이 없는 근육,
신뢰가 없는 우정,
결론이 없는 의견,
미적 요소가 없는 변화,
가치가 없는 나이,
노력이 없는 인생,
갈증이 없는 물,
영양이 없는 음식,
희생이 없는 사랑,

공정함이 없는 권력,
엄격함이 없는 사실,
논리가 없는 통계치,
증명이 없는 수학,
경험이 없는 가르침,
따뜻함이 없는 예의,
구체성이 없는 가치관,
박식함이 없는 학위,
용기가 없는 군인 정신,
문화가 없는 진보,
투자가 없는 협업,
리스크가 없는 덕행,
에르고드 상태가 없는 확률,
손실 감수가 없는 부의 추구,
깊이가 없는 복잡함,
내용이 없는 연설,
불균형이 없는 의사결정,
의심이 없는 과학,
포용이 없는 종교,
그리고 무엇보다도
책임이 없는 모든 것[10].'

---

10 스킨인더게임, 나심니콜라스탈레브, 비즈니스북스, 2019.

책임이 없는 모든 것. 이렇게 책임 없는 성과는 시련 없이 맛있는 열매를 먹겠다는 심보이지. 위 글귀의 반대로 하면 책임 있는 삶을 살게 되겠지? 완전히 '책임감 있는 삶'의 집합체 아니겠니!!

엄마가 소로우의 한 문단에 빠져서 7가지 기준을 세우고 지낸지가 벌써 1년이 지났어. 이제 서서히 습관이 된 것도 있고 아직 많은 훈련이 필요한 것도 있지. 그 중 독서와 글쓰기를 매일 하는 기준은 완벽하지는 않지만 정말 몸에 배어 있다고 감히 말할 수 있을 것 같아. 이 단순한 행위를 통해서 엄마가 '기준'을 더 든든하게 지키게 해줄 5가지의 배움을 얻었는데 이것이 엄마를 멈추지 않게 해줄 엄청난 바탕, 본질, 기본이 되었단다. 역시 '기준은 기분이 아니라 기본으로 세우는 것이지[11].'

첫째. 원리를 따르는 거야.

'가야 할 곳 먼저, 가고 싶은 곳 나중
먹어야 할 것 먼저, 먹고 싶은 것 나중
봐야 할 곳 먼저, 보고 싶은 곳 나중
해야 할 말 먼저, 하고 싶은 말 나중
들어야 할 말 먼저, 듣고 싶은 말 나중
읽어야 할 책 먼저, 읽고 싶은 책 나중
잡아야 할 것 먼저, 잡고 싶은 것 나중

---

11 엄마의 유산, 김주원, 건율원, 2024.

배워야 할 것 먼저, 배우고 싶은 것 나중
써야 할 것 먼저, 쓰고 싶은 것 나중
줘야 할 것 먼저, 주고 싶은 것 나중
이해할 것 먼저, 이해시키고 싶은 것[12]'

이것은 너도 알지?
엄마가 독서를 시작한 후부터 벽에 붙여놓았지.
매일 보고 매일 실천하는!
선 의무, 후 권리!

의무를 하지 않고 권리만 바라면 어떤 일이 일어날까?
아이야, 대가를 치르면 반드시 보상이 온단다. 그러니 너희들도 숙제 먼저 하고 놀고, 밥 먼저 먹고 군것질하고, 읽어야 할 책 읽고 게임하는 것이야. 단순하지? 이렇게 단 한 가지의 원리를 지키면 정말 많은 것이 해결된단다. 중심이 단단하면 당연히 주변이 정리되겠지?

그래서 둘째. **이불변응만변(以不變應萬變)**.
한가지로서 만가지 변화에 대응한다.

  '현자는 한 가지 것을 행하여 온갖 일을 행한다.

---

12 엄마의 유산, 김주원, 건율원, 2024.

> 또한, 현자는 그가 바르게 행하는 한 가지 것에 상대하듯이
> 바르게 행해지는 온갖 영상을 본다[13].'

어떻게 동서양의 철학이 모두 같은 말을 하고 있을까? 그만큼 동서양을 막론하고 누구에게나 중요한 기준이 되어야 할 명제인 것이지. 한 가지를 올바르고 똑바로 변화시킨다면 다른 모든 변화에 대응이 된다는 의미야.

엄마는 새벽독서 하나로 모든 것들이 정리가 되었어. 정리해야 될 관계, 쓸데없는 잡념, 너희들에게 퍼붓는 잔소리, 무지로 인한 결핍 등 많은 것들이, 하나에 집중하니 그 주변의 일들을 하니 마니 생각할 필요없이 저절로 없어졌어. '만사는 그 원인에 의해 하나의 중심으로 귀결[14]'된단다.

셋째. 불파만지파참(不怕慢只怕站).
느린 것을 두려워 말고 중도에 그만두는 것을 두려워 하라.

느린 것은 괜찮아~!! 하지만 포기하지 않고 끝까지 해나가면 된다는 뜻이야. 엄마의 노트북에 포스트잇으로 붙여져 있지. 앞서 말한 '결단'을 기준으로 세우고서 항상 불파만지파참을 되내었어.

---

13 자기 신뢰 철학, 랄프왈도에머슨, 동서문화사, 2020.
14 자기 신뢰 철학, 랄프왈도에머슨, 동서문화사, 2020.

그냥 하는 것. 그렇게 마음으로 되뇌고 입으로 말하면서 끝까지 해낼 거라는 다짐을 한단다. 스스로 내린 결심을 결정하고, 결정을 결단하고 끝까지 엄마만의 속도로 실천하면 원하는 결과를 손에 쥐게 될 것이거든.

'왜 우리는 그렇게 성공하기 위해 조급히 굴며
또한 그렇게 사업적일까?
만일 어떤 이가 그의 동료들과 발을 맞추지 않는다면,
아마도 그는 그들과는 다른 북소리를 듣고 있는 건지도 모른다.
그로 하여금 그가 듣는 북소리에 발 맞추게 하라.
그 박자가 고르거나 또는 늦거나
그가 꼭 사과나무나 떡갈나무와
같은 속도로 성장해야 한다는 법은 없다.
그가 남과 보조를 맞추기 위해
자신의 봄을 여름으로 바꿀 필요는 없다[15].'

넷째. 신독(愼獨).
스스로 혼자 있을 때도 지키기로 한 것은 지켜내는 자신만의 약속이지.

물론, 모든 것에서 신독하기에 엄마는 여전히 부족해. 하지만 엄

---

15 구도자에게 보낸 편지, 헨리데이빗소로우, 오래된 미래, 2005.

마가 지켜야 할 '차원 높은 일' 즉, 사명을 위해 오늘의 루틴만큼은 꼭 지키고 있지. 새벽 독서와 글 쓰는 시간 역시 절대 어기지 않고 말이야.

엄마 스스로 부끄럽지 않은 사람이 될 거야.
남들이 뭐라 하건. 엄마는 스스로에게 수치스러움을 느끼고 싶지 않아서 수치스러움을 일부러 느끼려 해. 무슨 말이냐면. 수치스러움을 아니까 수치스러운 짓을 하지 않으려는 것이고 수치스러운 짓을 하지 않으려는 수고가 있다는 것은 여전히 모자라기 때문에 수치스럽다는 것이지. 자기 스스로가 한 약속을 지키는 것조차 애를 써야 할 정도로 모자란 엄마란다. 그래서 오늘 해야 할 일은 오늘 그냥 해버리려고.

'혼자 있을 때가 자신의 교양이 어느 정도인지를
시험할 절호의 기회이고,
자기의 입장이 흔들림이 없는지를 알아볼 순간이며,
자신의 능력이 강력한지를 알 수 있는 때이다.
사람은 평생을 살면서 뭔가를 이뤄야 하지만
이는 다른 사람에게 보여주기 위해서가 아니라
자기 자신에게 떳떳하기 위해서여야 한다.
끊임없는 자기 단속만이

조금씩 자아를 실현할 수 있는 길이다[16].'

다섯째. 자기(自己)와 자조(自助)를 실천할 거야.
자기(自己). 자신을 스스로 세우는 것.
자조(自助). 자기부터 먼저 돕는 것.

엄마는 '존재감(存在感)'이란 단어가 여전히 생소하단다. 존재감은 '나 스스로 나로서 존재하는 느낌'이야. 자기 내면에 자신이 단단하게 있어야 할 자리가 없다면 존재감은 없거나 부실한 것이야. 그런 사람이 내부의 빈약함을 오히려 외부의 강인함으로 감추려 하지. 그래서 스스로의 존재감을 내면에 조용히, 하지만 단단하게 구축시키는 것이 자기(自己)와 자조(自助)를 실천하는 것이란다. 사실 어떨 때엔 '힘들어 죽을 지경'이어서 짜증도 나. 하지만, 중년의 엄마가 '차원높은 삶'을 살기로 결단했으니까 당분간은 불파만지파참하고 신독하면서 자기와 자조로서 존재감을 단단히 세우는 엄마가 되어 볼게. 그러지 않으면 엄마는 아래의 글처럼 너희들에게 천치가 될 지도 모르거든. 엄마는 망각하면서 '너희에게 이렇게 살아라 저렇게 살아라'라고 말하는 천치는 싫거든.

'자기가 착하고 거룩하게 살아야 하는 것을 망각하고
다른 자들을 그리로 지도하며 훈련시키는 것으로

---

16 어떻게 인생을 살 것인가. 쑤린, 다연, 2021.

자기 책임을 다한다고 생각하는 자는 천치일 것이다.
마찬가지로 자기 일에 건전하고 유쾌하게 살아가기를 저버리고
그 힘으로 남에게 봉사하려고 하는 자는,
내 생각으로는 비뚤어지고 좋지 않은 길을 잡은 것이다[17].'

지금까지 엄마가 7가지의 기준을 지키기 위한 스스로와의 약속을 너에게 공개하고 다짐했네. 민망하기도 하지만 이로써 엄마는 더 큰 걸음을 걸은 것이야.

사실 '우주의 중심이 나'라고 느낀 한순간이 있었단다. 그 순간 엄마의 심장은 터질 듯이 부풀었어. 롤러코스터를 타듯 저 하늘 꼭대기에서 꺄~~악 소리치며 내려오는 짜릿함도 느꼈어. 하지만 매번 하루하루가 그럴 줄 알았는데 아니더라구. 어느 순간부터 텅 빈 공허함과 내가 아닌 내 삶의 무료함에 엄마는 힘들었거든.

그래서 훈련이 필요하다는 것을 깨달았어. 존재감이라는 것이 엄마 내면에 아주 얇은 막처럼 존재했었기에 두텁게 만들어줄 필요가 있었지. 남의 인정이나 바라고 남의 눈치보며 남들부터 챙기는 어리석은 사람이 아니라, 그리고 어떤 문제앞에서 쩔쩔매는 엄마가 아니라, 엄마 자체로서 단단한 사람이 되어 진정으로 이타가 되는 엄마가 되어 보려고.

---

17 나는 무엇을 아는가, 몽테뉴, 동서문화사, 2005.

자기(自己)가 되어야 이타(利他)가 되는 것이야. 자기 자신도 잘 못 챙기고 스스로와의 약속도 못 지키고 손에 쥔 것도 없는 사람이 어떻게 남을 챙기고 세상과의 약속을 지키고 누군가에게 뭔가를 내놓을 수 있겠니. 무엇보다 우선인 것은 자기 자신부터 세우는 것이야.

자기(自己)를 꼭 명심해 주길 바란다.

기준을 세우고 실천하기 위한 기준을 또 이렇게 네게 공개하는 엄마를 보니 어떠니? 일상을 살면서 기준을 지니고 사는 삶이랑 그냥저냥 사는 삶이랑은 분명 차이가 날 거야. 아니 차원이 다를 거야. 기준을 지닌 엄마와 그 이전의 엄마를 너는 다 봤으니 더 잘 알겠지? 어떠니?

너도 그래라. 기준을 지니고 살면 '격'이 다를 거야. '품'이 다를 것이고. 인격, 인품말이야. 책을 읽은 후부터 엄마는 기준을 중심으로 판단하고 실행해 왔어. 그랬더니 복잡했던 것들이 단순해지고 걱정했던 것들이 오지 않더라고. 대응이 아니라 대비하는 사람이 된 것 같아. 이제는 남들이 세워놓은 기준, 사회가 제시하는 기준이 아닌, 엄마만의 기준, 세상이 바라는 엄마로 기준을 지니고 살 거야. 여전히 배우고 깨달아가는 중이지만 계속 공부하며 더 명철한 어른이 될 거야.

마지막으로 버섯 이야기를 하나 해줄게. 신영복의 '담론[18]'에 나온 이야기야. 아버지가 어린 아들을 데리고 산책을 나갔는데 버섯 군락지가 있었지. 아버지는 그 버섯 중 하나를 지목해서 "애야, 이것은 독버섯이야!"하고 가르쳐줬어. 독버섯이라고 지목된 버섯은 충격으로 쓰러졌지. 옆에 있던 친구 버섯이 그를 위로해. 그가 베푼 친절과 우정을 들어 절대 독버섯이 아니라고 말하지. 그러나 정확하게 지목되었기에 위로가 되질 않았어. 그런데 친구가 하는 말이 "그건 사람들이 하는 말이야!"라고 했어.

엄마는 이 글을 읽고 아버지에게 지목받은 버섯에서 엄마를 보는 것 같았어. 엄마의 생각보다 다른 사람의 말에 많이 흔들리기도 했었거든. 그래서 이 동화가 다른 사람의 무심한 말보다는 자신의 뚜렷한 방향이나 관점을 흔들림 없이 고수하는 것이 중요하다는 것을 알려주는 것 같았어. **흔들림 없이 고수하는 그것이 자신의 기준을 만드는 틀이 되는 것이야.**

너에게도 책이나 경험, 네 일상의 모든 것들을 함축시켜
너 스스로 기준을 만들어 보길 바란다.
네 삶의 방향에 올곧게 중심을 잡아줄 기준.

기준이 높으면 수준이 당연히 높아지겠지?

---

18 담론, 신영복, 돌베개, 2015. 네델란드 의사이며 작가인 반 에덴의 동화「어린 요한」내용 발췌

기준은 기분이 아니라 기본에 의해서 세워야 한단다.
이러한 기준은
너의 기세를 세워 기적을 불러올 것이야.

가장 마음에 드는 별을 골라서 가장 아름다운 가지 끝[19]에 너를 바로 살게 할 기준 몇가지를 튼튼하게 세우렴. 그럼 네 삶에서 네가 바라는 모든 열매들이 주렁주렁 열릴 것이야.

---

19 담론, 신영복, 돌베개, 2015.

끊어진 실도 다시 이을 수 있어

아이야, 삶은 어느 날 문득 조용히 말을 걸어올 때가 있어. 관계 속에서 마음이 흔들릴 때, 혼자 있는 밤에 거울을 들여다볼 때, 혹은 아무 일 없던 하루의 끝에서 말이야. 아무렇지 않게 지나가는 순간들 속에도 마음속에 오래 남는 물음이 생기지. 엄마도 그랬단다.

스스로 선택한 삶이라 믿었지만
그 길이 타인의 기대였음을 깨달았을 때.
휘몰아치는 감정 속에서 중심을 지키려 애써도
흔들리는 마음에 지치고 두려웠을 때.
누구의 말도 닿지 않던 밤 고요한 방 안에서
비로소 내 마음의 소리가 들려왔을 때.
그때마다 엄마를 이끈 건 정답이 아니라 질문이었단다.

이게 정말 내가 원한 삶일까?
멈추지 않고 달려온 길이 맞을까?
계속 이렇게 살아도 괜찮을까?

살다보면, 내가 나에게, 삶이 나에게, 가슴아픈 질문을 던질 때가 있지. 그런 물음들은 쉽게 사라지지 않아. 오히려 시간이 지나도 더 또렷해져. 말로 설명되지 않는 날들 속에서도 질문 하나는 묘하게 방향을 알려주더라. 힘든 날엔 마음을 붙들어주고, 선택의 순간엔 중심을 다시 세워줬어. 엄마는 그런 질문들을 오래도록 품으며 조금씩 내 삶을 내 손으로 짓는 연습을 했단다.

그게 바로 자립이 아닐까 생각해.
누구의 기준도 아닌, 내 마음에 귀 기울이는 힘.
스스로에게 묻고,
스스로 대답하는 힘 말이야.

이제 그 물음들을 너에게도 하나씩 건네주려 해. 언젠가 네 앞에도 조용한 질문 하나가 다가올 것이야. 아마 처음엔 조금 낯설고 어렵게 느껴질지도 몰라. 하지만 괜찮아. 그 질문을 품는 순간부터 삶은 조금씩 달라지기 시작하거든.

아이야, 자 이제 시작해볼까?

첫 번째 질문이야.

"지금, 진짜 원하는 삶을 살고 있니?"

'너의 시간은 한정되어 있으니,
다른 사람의 인생을 사느라 시간을 낭비하지 마라.
다른 사람의 의견이라는 소음이
네 내면의 목소리를 잠식하게 두지 마라.
가장 중요한 것은,
네 마음과 직관을 따를 용기를 갖는 것이다[1].'

엄마는 이 글을 처음 접했을 때, 마음이 멈칫했어. 엄마가 선택한 삶이라 믿었지만 돌아보면 그 길은 타인의 기대 위에 세워져 있었거든. 그 이후로 엄마는 내가 어떻게 살고 있는지, 앞으로 어떻게 살아야 할지를 스스로 묻기 시작했어. 처음엔 엄마가 원하는 삶이 무엇인지조차 분명하지 않았지. 안정이었는지, 사랑이었는지, 아니면 그저 무탈한 하루였는지 알 수 없었어.

마음속에 엉켜 있던 실타래를 하나하나 풀어보면서 실만으로는 충분하지 않다는 걸 깨달았단다. 그래서 바늘을 들었어. 흐트러진 마음을 다시 짜보자는 결심이었지. 실수투성이 삶이라도, 엄마

---

[1] 스티브잡스, 2005년, 스탠퍼드대학교졸업식연설 (Stanford Commencement Address), 그는 인생을 '세 가지 이야기'로 나누며, 직관을 따르고, 사랑하는 일을 하며, 죽음을 기억하라는 메시지를 전한다.

가 원하는 무늬를 천천히 만들어보자고. 어떤 날은 실이 끊어졌고, 어떤 날은 매듭이 도무지 풀리지 않았어. 그래도 다시 실을 고르고 바늘을 들었단다. 그건 엄마가 엄마답게 살아보려는 **작은 실천**이었고, 세상의 기준이 아닌 엄마의 방향을 따라 살아가려는 **다짐**이었어. 세상이 아무리 거칠게 흔들어도 꺼지지 않는 불빛처럼, 엄마의 중심을 지켜내고 싶었어. 그래서 지금도 엄마는 자신에게 묻는 일을 멈추지 않아.

아이야,
지금 네가 살아가는 삶은 네가 원하는 삶이니?
아니면 그저 흘러가는 삶이니?

이 질문에 당장 답하지 않아도 괜찮아.
진짜 원하는 삶은 그 물음을 품는 순간부터 조금씩 드러나기 시작한단다. 삶은 답보다 질문으로 나를 이끌고, 그 질문들은 결국 네 마음을 지켜주는 문장이 되어 줄 것이야.

그러니 조용히...
너의 삶에게 물어보렴.

지금, 진짜 원하는 삶을 살고 있니?

두 번째 질문이야.
"너는 너 자신을 얼마나 알고 있니?"

이 질문은 흔들림이 찾아올 때마다 마주하게 되는 물음이란다. 엄마는 그 앞에서 오랫동안 멈춰 서 있었어. 누군가의 딸, 아내, 엄마라는 이름으로 살아오며 삶의 무게중심을 그 역할들에 두고 있었거든. 그런데 그 울타리가 무너졌을 때, 엄마는 처음으로 스스로에게 물었단다.

나.는.누.구.인.가.
그전까지는 '나'라는 존재를 깊이 들여다본 적이 없었어. 사회가 부여한 이름과 역할 속에서 움직였고, 엄마 자신의 감정보다 타인의 기대와 평판에 더 민감하게 반응하며 살아왔지. 그런데 시간이 흐르면서, 그 역할의 껍질이 하나씩 벗겨진 자리에 비로소 '진짜 나'가 모습을 드러내기 시작했단다.

아내라는 이름을 내려놓고서야 비로소 혼자가 된 것이야. 그렇게 역할 하나가 빈 그 자리에서 엄마는 처음 나 자신과 마주하게 되었단다. 아무도 묻지 않는 시간, 누구의 말도 들리지 않는 공간 속에서 내 안의 목소리가 또렷이 들려왔지. 텅 빈 방 안에서 떠도는 마음을 붙잡고, 감정의 결을 따라 내면을 들여다 보았어. 무엇이 나를 슬프게 하는지, 언제 마음의 문이 닫히는지를 하나하나 짚어가며 말이야.

그렇게 자신을 들여다보며, 엄마는 점점 또렷해졌어. 미안하지만 '엄마' 라는 이름을 잠시 내려놓기도 했단다. 그제야, 엄마 안에 여전히 한 사람, '최보영'의 존재가 분명히 살아 있음을 알게 되었지. 상처 입은 자리에서도 다시 걷고자 했고, 무너진 순간에도 중심을 지키려 애썼어. 다시 누군가를 사랑하려는 마음도, 조심스럽지만 분명하게 피어나고 있었지. 그런 감정과 태도 하나하나가, 결국 엄마라는 이름 뒤에 감춰진 '최보영'이라는 사람이 누구인지를 보여주고 있었단다.

아이야, 엄마는 너도 언젠가 이 질문과 마주하게 되리라 생각해.
'나는 누구인가'라는 물음은
자립의 시작이자,
삶 전체를 이끌어가는 근원이야.
중요한 건 외면하지 않고,
삶의 여러 시기마다 다시 꺼내어 볼 수 있는 용기란다.

'너라는 존재로 살아갈 수 있느냐'는 물음과 함께,
언젠가 너만의 답을 만나게 되기를,
그리고 그 답이 너의 다음 걸음을 이끄는 힘이 되어주기를 바란다.

세 번째 질문이야.
"우린 왜 이렇게 자주 흔들리는 걸까?"

아이야, 엄마는 아주 작은 말 한마디에도 쉽게 흔들리곤 했단다. 누군가의 무심한 표정, 툭 던진 말, 예상치 못한 상황 앞에서 감정이 먼저 요동쳤지. 다른 사람의 기분이 곧 엄마의 기분이 되었고, 상황보다 감정이 앞서는 일이 많았어. 타인의 시선에 맞춰 살아온 시간이 길어질수록 엄마만의 기준은 점점 흐려졌단다.

사소한 일에도 마음이 크게 출렁였던 건 사실 자신의 중심이 비어 있었기 때문이야. 무엇을 지키고 싶은지도 모른 채 애쓰며 살다 보니 마음은 늘 붕 떠 있는 것 같았고, 텅 빈자리엔 감정이 끝도 없이 떠다녔지. 그 흐름을 억지로 막으려 할수록 오히려 더 흔들리기만 했단다. 그래서 엄마는 중심을 무리해서 채우려 하기보다, 먼저 떠도는 감정 하나를 붙잡아보는 연습부터 시작했어.

> '감정이 자주 앞섰고 어떤 경우에는 도가 지나쳐
> 가볍게 해결될 사태가 심각해진 적도 많다면
> 당신은 부정적인 무의식 감정에
> 마구 휘둘리며 살아왔을 가능성이 높다[2].'

---

2 머니 패턴, 이요셉, 유영, 2021.

흔들린다는 건 약해서가 아니야.
그건 중심을 찾으려는 몸의 반응이고,
자신을 지키려는 마음의 움직임이야.

아이야, 누구나 흔들릴 수 있어.
감정은 예고없이 다가오고,
때로는 마음을 세차게 흔들기도 하지.
하지만 결코 그런 자신을 탓하지 말렴.
그럴 땐 이렇게 물어보는 거야.
'무너지지 않으려면, 나는 무엇을 선택할 수 있을까?'

흔들림 속에 오래 머무르지 말고, 시선을 조금 멀리 두어 보렴. 거리를 두고 바라보면 마음의 움직임이 달라지고, 감정의 크기도 변할 거야. 그 다음에 다시 중심을 향해 시선을 돌려 보렴. 그렇게 우리는 흔들림 속에서도 조금씩 자신을 다시 세우는 법을 배우게 된단다.

네 번째 질문이야.
"지금, 지키려고 애쓰는 것은 무엇이니?"

아이야, 엄마는 오래도록 이런 질문을 자신에게 해본 적이 없었단다. 사람들에게 사랑받는 일, 가족에게 최선을 다하는 일, 주어진 역할을 묵묵히 해내는 일. 그게 어른스럽게 사는 법이라 믿었어. 나보다 남을 먼저 배려하는 것이 곧 나를 지키는 일이라 여겼었지.

하지만 어느 순간부터, 나답게 산다는 게 뭔지 점점 모르겠더라. 내면의 소리를 다시 들을 수 있기까지, 숨 고르듯 오랜 시간이 걸렸어. 그래도 그 시간은 헛되지 않았단다. 흔들리면서도 엄마는 끝까지 자신을 놓치지 않으려는 마음만은 붙들고 있었으니까.

그 마음을 들여다보려면 바깥의 소리에서 잠시 멀어질 필요가 있었단다. 그래서 엄마는 혼자 조용한 공간에 있기로 했어. 누가 마련해준 것이 아닌, 엄마가 스스로 만들어낸 시간. 그걸 '자발적 고독'이라고 부르고 싶어. 혼자만의 시간은 처음엔 막막했단다. 외로워서가 아니라 나 자신과 마주해야 한다는 게 더 두려웠거든.

'외로움은 누군가를 향한 그리움이지만,
홀로움은 그리움 속에서도 충만한 나를 발견하는 일이다[3].'

피하고 싶었던 감정들과 마주 앉는 일은 쉽지 않았지만, 그 침묵 속에서야 비로소 내 안의 진짜 목소리를 들을 수 있었어. 엄마는 그 자리를 **'고요의 방'**이라 불러. 외로움을 피하는 곳이 아니라, 관계의 소음과 역할을 잠시 벗고 오직 **'나'**를 바라보는 자리야.

---

3 희망 수업, 최재천, 김영사, 2014.

그리고 그 고요한 틈에서야 비로소 나 자신이 지켜야 할 '**진짜 가치**'를 바라볼 수 있게 되었어. **진짜 나를 지키기 위한 애씀은 조용한 방 안에서 시작된단다.**

다섯 번째 질문이야.
"너는 너 자신을 잘 돌보고 있니?"

엄마는 한동안 자신을 잘 돌보고 있다고 믿었단다. 무리하지 않고, 아프면 쉬고, 가끔은 좋아하는 일을 하면서 '나를 챙기고 있다'라고 자신을 안심시켰지. 그런데 진짜 돌봄은 겉으로 보이는 관리가 아니라, 더 깊은 내면의 한자리에 다다를 때 비로소 시작된다는 걸 알게 되었어. 앞에서 말한 '고요의 방'. 그 방에 가만히 앉아 있으면 익숙했던 세상의 소음은 점점 멀어지고, 그 자리에 내 안에 눌러두었던 감정들이 하나둘 차오르기 시작한단다.

그 감정들은 이렇게 말했어.
"나는 지금 지쳤어."
"나는 지금 외로워."
"나는 지금 조급해."
"나는 지금 허전해."
"나는 지금, 나를 모르겠어."

이 다섯 문장은 엄마가 처음으로 또렷이 인식한 내면의 고백이었어. 지침, 외로움, 조급함, 공허함, 그리고 낯선 자기 자신. 그 감정들을 마주하면서 엄마는 깨달았단다. **진짜 돌봄은 그 감정들을 없애거나 외면하는 데 있지 않았어.** 있는 그대로 인정해주는 데서부터 마음을 다독이는 일이 시작된다는 걸 말이야.

어느 저녁이었단다. 오랜만에 마음을 다해 밥상을 차려본 날이었지. 혼자였지만 이상하게 그 시간이 더 깊게 다가왔어. 반듯하게 놓인 수저, 김이 피어오르는 따뜻한 밥 앞에 앉으니 마음까지 데워지는 느낌이었거든. 그런데 맞은편 빈자리가 괜히 허전하더라. 그 자리에 잊은 줄 알았던 것들이 하나씩 찾아왔어. 너와 마주 앉지 못했던 저녁 식탁, 말없이 지나친 생일, 장난스러운 말투 뒤에 숨긴 미안함. 아무렇지 않은 척했던 날들이 그 자리에 앉았지. '엄마답지 못했다'라는 자책, 서툴렀던 순간들, 마음은 있었지만 끝내 꺼내지 못했던 말들까지. 그날 엄마는 밥상 앞에서, 오래 미뤄둔 감정들과 마주 앉았단다.

감정을 억누르거나 밀어내면, 마음은 조금씩 굳어가. 엄마도 한때 그랬지. '모르겠어'라는 말로 모든 감정을 덮고, 아무렇지 않은 척 버텼어. 그런데 감정은 피한다고 사라지지 않아. 언젠가는 다시 고개를 들고 우리가 그 손을 잡을 준비가 되었는지 묻게 되지. 감정은 없애야 할 것이 아니라, 함께 살아가야 할 내면의 목소리야.

'감정은 모든 의식화의 주된 원천이다.
감정 없이는
어둠을 빛으로, 무관심을 움직임으로 바꿀 수 없다[4].'

슬픔은 깊이를 만들고, 불안은 방향을 묻게 해. 감정은 때로 우리를 흔들지만, 동시에 우리를 이끄는 안내자이기도 하지. 감정을 인정해주는 건 약함이 아니라 스스로를 돌보는 가장 강한 태도야. **감정과 친해지는 건 곧 자신을 돌보는 일이야.**

아이야, 지금 이 자리에서 네 감정을 있는 그대로 품어보렴.
등줄기로 서늘한 기운이 올라올 땐, '나는 불안하구나.'
손끝이 멈추고 아무것도 하기 싫을 땐, '나는 무기력하구나.'
말이 줄고 눈앞이 흐려질 땐, '나는 지금 슬프구나.'
작은 실수에도 움츠러들 땐, '나는 지금 부끄럽구나.'
누군가의 말에 속이 달아오를 땐, '나는 지금 분노하고 있구나.'

그렇게 조용히 말해보는 거야. 어떤 감정이든 '지금 나는 이런 감정을 느끼고 있구나.' 그렇게 다정히 말해주는 한마디가 흔들리는 너를 가장 먼저 지켜주는 힘이 되어 줄 것이야.

'내면에서 벌어지는 일부터 확실히 알아차려야

---

[4] 인간과 상징, 칼구스타프융 외, 문예출판사, 2002.

그에 대해 무언가를 할 수 있다.
어떤 감정을 놓아버리면
그것이 더 상위의 감정으로 대체된다.
어떤 감정을 알아보고 인정하는 목적은
오직 그 감정을 놓아 버리려는 데 있다[5].'

아이야, 마음이 흔들릴 때 가장 먼저 돌봐야 할 사람은 바로 너야. 감정을 이해하고 품어주는 시간은 너 자신을 붙드는 가장 깊은 돌봄이란다. 그럴 때는 해석이나 판단보다 먼저, 그 감정을 있는 그대로 느껴보렴. 그리고 너도 너만의 '고요의 방'을 가져보렴. 세상의 소음을 잠시 내려놓고, 내면의 떨림을 외면하지 않는 시간. 그 속에서 감정을 바라보는 법을 배워가다 보면, 언젠가는 그 감정들이 너를 단단하게 만들 것이야.

'나처럼 상처받은 마음에는, 그늘과 고요만이 적합하다네.
그리고 여보게, 자네에게는 아직 먼 일이지만,
일생을 통해 우리 지친 눈이 오늘 같은 아름다운 밤이
어둠과 더불어 준비하고 증류하는 달빛만을 감내하고,
또 우리 귀가 침묵의 플루트 위에서
달빛이 연주하는 음악 외에

---

[5] 놓아버림, 데이빗호킨스, 판미동, 2013.

다른 것은 듣지 못하는 시간이 올 걸세[6].'

어떤 감정은 조용히 다가와 곁에 머물고, 어떤 감정은 너를 오래 흔들며 쉽게 떠나지 않을 것이야. 그 감정들이 너를 어떻게 변화시킬지, 어떤 것을 남길지는 너만이 알 수 있단다. 그 시간들이 결국 너를 돌보는 힘이 되어 줄 것이야. 마음을 돌보는 일을 삶의 중심에 두렴. 그리고 그 모든 마음을 조용히 품어보렴. 그렇게 살아갈 때 너는 더 단단하고 더 온전한 사람이 될 것이야.

여섯 번째 질문이야.
"네 선택에 책임질 준비가 되어 있니?"

엄마는 한때, 좋아하는 것도 없고 싫어하는 것도 분명하지 않았단다. 그저 주어진 대로 흐르는 삶이 더 편하고 덜 흔들릴 거라 믿었지. 익숙한 길을 따르는 게 순리 같았고, 예측할 수 있는 하루가 마음을 놓이게 했거든. 막내였고, 말없이 지내면 일이 쉽게 지나갔으니까. 뭐 먹고 싶냐는 물음에도 방금 본 광고나 드라마 속 메뉴를 떠올리며 대답하곤 했어. 정말 몰라서가 아니라, 무언가를 택한 뒷감당해야 할 결과가 두려웠던 것이야. 그렇게 선택을 미루며 지낸 시간이 생각보다 길었단다. '시간이 지나면 어떻게든 되겠지!', '누가 대신 정해주면 좋을 텐데!' 하는 마음으로 머뭇거렸

---

6 잃어버린 시간을 찾아서, 마르셀프루스트, 민음사, 2013.

단다. 하지만 미뤄둔 감정은 결국 더 무거운 짐이 되어 돌아오더라고. 선택하지 않은 날들이 쌓일수록 책임은 어느새 엄마를 짓눌렀고, 길은 점점 흐릿해졌지. 나중에야 알았어. 길은 누구도 대신 내줄 수 없다는걸. 아무리 걸어도 자신이 결정하지 않으면 결국 제자리라는 걸 말이야.

삶은 언제나 불확실한 방향 위를 걷는 일이었고, 그때마다 엄마에게 필요한 건 용기였어. 프랑스 철학자 사르트르는 '인간은 자기가 선택한 대로 만들어진다[7]'라고 말했지. 어떤 길도 미리 정답을 알 수는 없으니까, 결국은 스스로 그 길을 '맞다'고 믿는 용기가 필요하더라. 선택이란 내 안의 수많은 가능성 중 하나를 '이게 나야' 하고 꺼내 드는 일이니까. 그래서 진짜 중요한 건 완벽한 길을 찾는 것이 아니라, 내가 고른 그 길 위에 기꺼이 나를 세우는 마음이야. **어떤 결과든 감당하겠다는 책임의 태도, 그게 진짜 선택**이더라.

> '결정을 미루는 게 중립처럼 보일지 몰라도,
> 그건 그냥 삶을 흘러가게 두는 선택이에요.
> 저는 그렇게 살고 싶지 않아요[8].'

---

7 사르트르(Jean-Paul Sartre), 프랑스 실존주의 철학자. 인간은 자신의 선택으로 존재를 구성한다고 보았으며, 이는 다양한 저서와 강연에서 반복된 핵심 메시지이다.

8 브레네 브라운(Brené Brown)은 연구원이자 작가이며 또한 교수이다. 휴스턴 대학 사회복지대학원에서 '전심전력'(wholeheartedness)을 연구했다. 인용 글은 페이스북 글에서 발췌. https://www.facebook.com/photo.php?fbid=3173538455994575&id=188471851167932 (2020년 1월 25일 확인일 기준).

**자신의 삶을 사랑하려면,
먼저 자신이 내린 선택을 사랑해야 한단다.**

결정을 미루는 것도 결국은 하나의 선택이야. '아직 모르겠어'라는 말은, 어쩌면 지금은 책임지고 싶지 않다는 뜻일지도 몰라. 선택을 피할수록 삶은 자기 손에서 벗어나고, 타인의 판단이나 우연에 기대게 되지. 잠시 멈춰 설 수는 있어도 결국은 스스로 결정해야 해. 그래야 삶의 방향을 잃지 않아.

그게 바로 '디폴트(default)' 상태야. 디폴트는 원래 '기본값'이라는 뜻이거든. 아무것도 고르지 않으면 자동으로 적용되는 설정처럼, 삶도 내가 선택하지 않으면 외부의 기대나 기준에 따라 움직이게 돼. 주체도 없고, 의지도 없이 그저 따라가는 삶이 되지. 엄마는 그런 삶을 바라지 않아. 선택하지 못한 채 떠밀리듯 살아가는 대신 스스로에게 묻고 그 답을 따라 걸어가는 삶을 살았으면 해.

선택은 때때로 두렵고 완벽하지 않을 수 있어.
그래도 그 안에만 진짜 네가 있어.
**삶을 사랑한다는 건,
자신의 선택을 받아들이고
그 길 위에 자신을 바로 세우는 일이란다.**

천천히 가도 괜찮아.
때론 멈춰 서도 좋아.
하지만 삶의 방향만큼은 네가 정하겠다는 다짐은 지켜야 해.
엄마는 그것이 자립의 시작이라고 믿어.

타인의 기대가 아닌,
너의 마음을 근거로 길을 고르는 것.
그것이 선택이고
선택은 선언이야.
'나는 나의 삶을 살겠다.'

그러니 잊지 마.
네가 선택한 그 길 위에서야 비로소 너다운 삶이 시작된다는 걸.

일곱 번째 질문이야.
"너는 어떤 삶을 살고 싶니?"

엄마는 요즘, 새벽이 참 좋아졌단다. 모두가 잠든 시간, 조용한 거실에 앉아 창밖을 바라보며 글을 쓸 때면 비로소 엄마 안에 잔잔한 평온이 찾아와. 그럴 때면 가장 진실한 질문 하나가 마음 속에서 또렷이 떠오르지. "지금, 어떤 삶을 살고 싶은 걸까?" 엄마는 세상에 휘둘리지 않고, 자신을 잃지 않는 삶. 유리창처럼 말이야. 말은 없지만 분명하게 빛을 통과시키는 그런 존재로 살고 싶어졌어. 비바람이 몰아쳐도 제자리를 지키는 유리창처럼, 흐려질 땐 닦아내면 다시 맑아지는 삶을 꿈꾸게 되었단다. 바쁘게 하루를 견디느라 묻지 못했던 질문들을 하나씩 떠올려봐.

'이 길은 내가 바라는 삶인가?'
'나는 왜 이 일을 계속하고 있는가?'
'지금의 일상이 나를 기쁘게 하는가?'
'무엇을 지키기 위해 이렇게 바쁘게 사는가?'
'내가 중요하게 여기는 건 여전히 그 자리에 있는가?'

미뤄둔 물음이 쌓이다 보면 삶은 점점 목적을 잃고 그저 흘러가버려. 그래서 엄마는 이제, 멈추지 않고 묻기로 했어. 매일 새벽, 삶의 중심을 되짚어보는 그 시간이야말로 엄마를 가장 잘 돌보는 방식이 되어 주었고, 동시에 살아가고 싶은 삶의 형태를 또렷하게 그려주는 거울이 되었거든.

'목적이 없으면 긍정적인 감정이 사라진다.
우리가 희망을 품고 전진할 수 있는 힘은
진심으로 원하고 필요로 하는 어떤 것에
다가가는 경험에서 대부분 나온다.
목적이 없다면 우리는

견디기 어려운 불안에 항상 시달리게 된다.
우리 주변에는 수많은 가능성이 널려 있어
선택의 폭이 너무 넓다.
우리는 목적에 집중함으로써
참을 수 없는 혼돈을 억누를 수 있다[9].'

삶의 방향은 거대한 계획이나 대단한 목표에서 비롯되기보다, 오늘 자기가 지키고 싶은 중심에서 시작된다고 생각해. **바깥의 속도에 휘둘리지 않고, 자기 안의 온도를 지키는 일.** 그것이야말로 자립의 또 다른 이름이 아닐까 싶어. 중심을 잃지 않으려 애쓰다 보면, 어느 날 문득 예전의 자신과 마주치게 될 것이야. 흔들렸던 시간, 외면하고 싶던 감정들, 그 모든 순간이 오히려 자신을 가장 단단하게 만들어주었음을 알게 되겠지. 그렇게 우리는 자신을 지켜낸 기억으로 앞으로의 삶을 걸어가게 되는 것이야.

아이야, 이 물음은 결국 모든 질문의 끝에 놓여 있는 것이야.
"너는 어떤 삶을 살고 싶니?"
그 답은 누구도 대신해 줄 수 없어.
말없이 이어가는 물음이지만, 네 안에 흐르는 그 질문을 멈추지 말아야 해.
한 번이 아니라, 계속해서. 너 자신에게 묻고 또 물어보렴.

---

9 질서너머, 조던B.피터슨, 웅진지식하우스, 2022.

그 물음에 귀 기울이며 너만의 방향을 정해가는 것,
그것이 바로 우리가 살아가야 할 삶이란다.

오늘 하루도 너 안의 불씨를 살피며 걸어가 보렴.
처음부터 크지 않아도 괜찮아.
처음부터 밝지 않아도 괜찮아.
처음부터 뜨겁지 않아도 괜찮아.

흔들리더라도 꺼지지 않는 불빛처럼, 그 심지를 태우며 나아가는 삶이야말로 너답고 단단한 삶이 될 것이야. 삶은 언제나 너를 통해 시작되고, 네 안의 심지를 따라 천천히 밝혀지는 것이란다.

**아이야, 혼자 있는 시간을 두려워하지 말고,
스스로에게 묻는 삶을 살아가렴.**

엄마는 이제 혼자 있는 시간이 편해졌단다. 사람들의 소음 속을 지나 집에 들어서면, 비로소 숨을 고르게 돼. 세상의 소란이 멈추는 그 순간, 엄마는 고요의 방으로 들어서. 누구의 말도 필요하지 않고, 자신에게 솔직해지는 시간이지. 그 안에서는 감춰둔 마음을 조심스레 꺼낼 수 있었고, 엄마가 정말 느끼는 것을 비로소 들을 수 있었어. 그렇게 묻고, 듣고, 조금씩 자신을 다시 세워왔단다.

삶은 종종 질문의 형태로 말을 걸어오곤 해.
'지금, 나는 어떤 결정을 하려는 걸까.'
'이 관계 안에서 나는 얼마나 흔들리고 있는 걸까.'
'왜 나는 나 자신이 낯설게 느껴질까.'

엄마는 그런 물음 앞에 멈춰 설 때마다, 앞서 말한 일곱 개의 질문을 떠올려. 처음엔 명확한 답을 찾으려 애썼지만, 시간이 흐를수록 알게 되었단다. **중요한 건 언제나 정답보다 중심이었고, 그 중심은 늘 질문에서 시작되었지.** 이 질문들은 언젠가 또 다른 모습으로 너에게도 다가올 것이야. 그럴 땐 혼자 있는 시간을 두려워하지 말고, 네 안에 떠오른 질문 하나하나를 찬찬히 바라보렴.

아이야, **너의 삶은 네가 천천히 길러낸 질문들에서 시작될 것이야.** 나침반이 흔들려도 결국 북쪽을 가리키듯, 질문은 길을 잃었다고 느낄 때마다 다시 너의 중심을 가리켜 줄 것이야. 완성된 삶은 없단다. 우리는 그저 매일의 물음에 자신만의 방식으로 답을 써가며 살아가는 거니까. 이 편지가 네 삶을 다시 바라보는 창이 되어 너만의 길을 조금씩 그려갈 수 있기를 바란다. 끝까지 너의 중심을 지키며, 네가 사랑하는 방향으로 걸어가기를.

나와 너와 우리

흐르다 머물러 쉬어가는 틈
계절도 힘들면 맞들어 숨을 고르지

네가 보고 내가 듣는 틈
말하기가 넘치면 우리는
침묵을 초대해

의견이 충돌하는 틈
엉킨 매듭이 강할수록 힘을 빼

빗길에 들어서면
비를 맞고
바람길에 오르면
바람을 안는

설득할 필요도 없고
속이고 제외하려는 그 무엇도 없는 편안함

딱딱해지면 좋은 것들이 스미고 물들 틈이 없어져

그리움 안고 내리는 별
깊은 하늘빛에 드리운 은하수 무리

피어야만 하는 것은, 피고
솟아야만 하는 것은, 솟고
닿아야만 하는 것은, 닿으니

지금 여기
나와 너와 우리는
함께라는 단어마저
가벼워

우주 속에 포개지는 별무리가
아니고서는
무엇으로도 표현할 수 없는
우리들

나는 뻣뻣하고 닥닥한 검은 화강암 덩어리이니

아이야,
엄마는 널 키우며 수시로 불안했단다.
너의 정서 상태가 심각하다고 선생님께 걱정을 들었을 때,
네가 엄마 눈치만 보며 감정을 숨기는 조용한 사춘기를 보냈을 때,
네가 약한 몸으로 한 시간 반 이상을 통학했을 때,
너의 의지와 상관없이 처음으로 지방에서 홀로 독립했을 때,
네가 상사나 동료들과의 관계에서 갈등으로 괴로워했을 때.

이렇게 엄마는 늘 불안했어.
굉장히 불안했어.
엄마가 정서적으로 약해서일까?
아냐, 엄마는 그렇게 나약하지는 않아.

어쩌면 우리의 불안은 대단한 문제 때문이 아니라 일상에서 발생하는 소소한 사건들 때문인 것 같아. 사실, 사람이 굉.장.한. 이변 앞에서는 의외로 굉.장.한. 힘이 나온다! 그런데 참 신기하게 소소한 사건에서는 약한 마음이 튀어나오는 것 같아. 왤까? 아마도 우리 내면의 약한 자아가 '공상을 실체로 마음대로 해석하면서 스스로를 상실했기 때문[1]'일 거야. 네가 어련히 잘 알아서 헤쳐 나가고 이겨내고 극복하고 견뎌낼 텐데 '엄마'라는 존재는 늘 마음대로 공상하면서 걱정과 불안을 만들어내.

하지만 일상의 소소함으로 찾아드는 불안을 엄마는 이렇게 해석하려 해. 깎고, 다듬는 담금질의 순간이었다고. 그리고 '일상'이 '바로 지금이 성장할 때야!'라고 외치는 소리라고.

결코 편하게 성장하는 경우는 없거든!
'성장은 변화를, 변화는 지금의 파괴를 의미하니까[2].'

엄마도 지금 성장의 문 앞에 서 있어. 그러니까 불안하고 답답하고 괴롭고 두려운 건 당연하겠지. 지금까지 익숙한 이곳에서 낯선 그곳으로 가야 하니까. 가고 싶은 그곳으로 가려면 변화해야 하니까, 그것이 성장이니까.

---

1 키에르케고르 선집, 키에르케고르, 집문당, 1994.
2 엄마의 유산, 김주원, 건율원, 2024.

오래전부터 엄마는 '작가'가 되고 싶어 했잖아. 엄마는 '글'로 엄마를 표현하고 싶었거든. '국문과'에 다니면서 늘 시집을 껴안고 다니고 문학인의 한사람이 되고 싶었지만, 이른 결혼과 출산으로 그 꿈은 벌써 30여 년째 엄마의 가슴에만 남아 있어. 하지만, 이제 드러내고 싶어졌어. 지금 네가 읽고 있는 이 편지. 이제 이 글의 출간을 시작으로 엄마는 계속 '글'을 쓸 거야. 그런데, 쉽지 않네. '정신'을 남기는 글을 쓰려니 '남겨야 할 정신'부터 갖춰야 했어. 굉장히 어렵고 깊이 진지해져야 했단다. 그러고는 곧 불안하고 두렵고 할 수 있을까 싶은 의심도 들었어. 하지만, **'지난 나'를 파괴해야 변화**니까, 그저 도전했지. 엄마의 정신 체계부터 먼저 갈고 닦는 시간 동안 '질 높은 고통'을 거쳐야 했고 더디지만, 차근차근 글쓰기 공부도 했더니 지금 네가 이 책을 손에 들고 있는 결과를 얻었어.

그러면서 알게 됐단다. 바로 이것이 성.장.이란 것을 말이야. 절대 젊지 않은 엄마가 중년의 어느 날, 도전 앞에서 불안을 성장으로 해석한 후 지금 네게 들려줄 정신을 쌓고 글로 풀어내어 네 손에 책이 들리는 순간까지. 엄마가 느낀 이 과정을 네게 말해주고 싶어.

성.장.
때로 우리가 쓰는 언어에는 활자에도 담을 수 없는 깊은 의미가 담겨 있지. 이 '성장'이란 두 글자도 마찬가지야.

성장은 화강암이다!
무슨 말이냐고?
성장은 영어로 growth잖아. grown은 라틴어 granum(작은 알갱이, 곡식, 씨앗)에서 파생되었고 영어로는 grain(곡물, 낱알)이야. 같은 어원을 가진 단어중에 Granite[3], '화강암'이 있었어! 성장과 화강암은 뿌리가 같은 단어였던 것이야!

놀랍지 않니?
그래서, 성장은 화강암이야.
돌! 돌이라는 말이야.
돌이 어디서 나온 줄 알아?
물에서 나왔어.

지표면 저 깊이에서 열이 가해지고 가스가 보태지면 물이 되거든. 그 물이 수백만 년 동안 높은 온도와 압력으로 마그마를 응고시켜. 그러면 점점 압력이 가해지지. 압력은 반드시 분출하고자 하는 본성이 있어. 그래서 스스로를 폭발시켜 버리지. 그리고 외부로 쏟아져나와 암석이 돼. 화강암 말이야.

---
3 나무위키, AI개요.

사람이라고 뭐가 다를까? 사람도 진짜 화나면 '폭발할 것 같다'고 표현하잖아. **성장은 내면의 강력한 진동을 통해 뭔가 시원하게 뿜어내려는 진통**인 것이야. 지금까지 엄마도 너도 살면서 다양한 사태들을 겪었고 그것들이 내면에 섞이고 엉키고 뭉쳐서 혼란스럽게 잔재해 있다가 어떤 자극을 만나 진동을 일으켰지. 그래서 답답하고 갑갑했어. 가슴이 옥죄어 오는 것도 같고. 그게 불안이 아닐까? 불안이라 느껴지는 아주 기분 나쁜 통증을 진통이 아닌, 진동으로 해석하고 폭발시키기로 했어. 그러면 성장이 되고 성장은 결국 외부의 창조, 즉 화강암과 같은 암석을 만들어.

땅속의 흙이고 물이고 가스였던 것들이 화학변화를 일으켜 높이 높이 자기를 치솟게 하고 땅으로 쿵! 떨어지고 흐르고 흘러 '화강암'이라는 자기화(自己化)를 이루지. 엄마의 내부도 '글에 대한 욕구'와 '글을 둘러싼 환경'과 엄마의 의식이 마구 뒤엉켰지만 결국 자기화의 결과를 창조하기 위해 이글거리는 불이 지펴졌던 것이야.

불이야.
뜨거워.
뜨거움은 열(熱)이야.
뜨거움은 열정이고 열망이고 열의야.
뜻하는 바를 그야말로 뜨겁게 바라고 또 바라는 갈증이지.

이것들을 계속 견뎠어. 분명 언젠가는 솟구칠 것이거든. 그렇게 폼페이[4]의 화산처럼 저 높이까지, 내 생에 없었던 가장 높은 곳까지 솟구칠 순간이 올 것을 믿었던 거야. 그렇게 불안이라는 진통이 뜨겁게 이글거리는 진동으로 엄마를 활활 달구더니 엄마를 뚫고 솟아올랐어.
그리고 착지!
결국, 『엄마의 유산』의 저자가 된 것이지.

인류는 항상 이렇게 진보했어. 우리가 살아가는 현실에서 '존재와 현상은 일치[5]'하거든. 그러니까, 모든 보이는 것은 보이지 않는 것의 증상이자 증거지. 땅속의 흙과 물과 가스가 섞여 뭉쳐지면 가스가 계속 발생하고, 부피는 점점 커지고, 밀도는 높아지고, 압력은 상승해. 그러면 공간은 좁아지고 어쩌지 못하는 에너지가 공간을 뚫고 위로 솟아올라. 솟구쳐 오르다가 아래로 끝없이 수직 낙하! 이윽고 지표면을 녹이고, 태우고, 부수고, 깨뜨리고 서서히 열이 식으면서 굳어져 자기만의 모양을 만들어 암석이 되는 것이야. 모든 만물의 원리는 같아. 엄마, 그리고 네 안의 모든 것들도 마찬가지야. 가슴이 뜨거워진 인간이 자기 꿈이 솟구쳐서 지평을 바꿀 지각변동을 일으켜 현실의 자기로 안착하는 거야. 그것이 변화의 결과야.

---

4 서기 79년 폼페이 근처의 베수비오산에서 화산 대분화가 발생함. 분화로 화산재가 하늘을 덮은 뒤 18시간 동안 수백억 톤의 화산 쇄설류가 쏟아져 순식간에 도시가 사라져 버린 사건.
5 정신의 삶, 한나아렌트, 푸른숲, 2019.

이 과정이 성장이 아니면 뭐겠니?
대지의 지표면을 뚫고 하늘로 솟구쳐 웅장하고 단단한 암석이 된 화강암!
그러니까
성장의 결정체는 화강암이야.

하물며 돌덩이도 이러한데,
네가 돌덩이보다 더 단단하지 못하다면 말이 되겠니?
네가 불덩이보다 더 가열차지 못하다면 말이 되겠니?
네가 흙덩이보다 더 솟구치지 못하다면 말이 되겠니?

성장은
네 내면의 정체와 퇴보를 등지고
미지의 세계를 향해 폭발하는 에너지야.
네 심지에 불꽃을 내는 빛이고,
네 갈증에 해갈을 부르는 물이며,
네 인식에 생성을 돕는 창조로,
네 인생에 새로운 길을 내어 널 걷게 할 동력인 것이야.

늦출 수도 없고 멈출 수도 없는 게 성장의 속성이지.
어제보다 오늘 더 나은 존재가 되는 것.
그래서

'성장'은 역동적인 생명만의 전유물일 거야.
역동없는 생명에겐 퇴보와 쇠퇴와 쇠락이,
역동적인 생명에겐 변화와 성장과 성공이.

'모든 소유물은 그 소유자에게 깊숙이 감춰져 있으며 자기의 것이 가장 늦게 발굴[6]'된대. 땅은 이미 화강암을 소유하고 있었고 자신의 거죽인 대지를 가장 자기답게 드러내기 위해 지독한 진통을 거쳐 대지 위로 자신의 상징을 뿜어내는 것이야. 엄마도 너도 이미 소유하고 있는 가장 자기다운 그것을 위해 진통을 치르면 그것이 세상에 창조되는 것이지. 그러니, 진통과도 같은 성장은 창조의 전조이며 모든 생명에게 주어진 특권이랄 수 있어.

왜 우리는 '성장'해야 할까? 씨앗은 흙에 묻혀야 하고 발아해서 싹을 틔워야 해. 그렇게 장미는 장미로, 철쭉은 철쭉으로 자기 존재를 세상에 구현하지. 그것이 유일한 목적이지. 만약 '우리가 세상 속의 한낱 구경꾼[7]'이라면 굳이 스스로에게 의무를 부여할 필요는 없겠지. 굳이 사명 따위 신경 쓰고 피곤해 할 필요도 없겠지. 그러나 세상을 살며 관찰하고 즐기고 누린 대가로서 또한 우리가 '자연의 거주자[8]'로서 살아 숨 쉬었다면 우리 각자는 반드시 스스로

---

6 차라투스트라는 이렇게 말했다. 프리드리히니체. 책세상, 2000.
7 한나 아렌트(정신의 삶, 푸른 숲)는 '만약 우리가 세상 속에 한낱 구경꾼이었다면 중대한 문제를 야기하지는 않았을 것이다. 구경꾼은 세계를 관찰하거나 즐기고, 세계 때문에 즐거워하고자 세계에 투신했으나 우리의 자연적 거주지로서 어떤 다른 영역을 점유하고 있는 신을 닮은 피조물이기 때문에 우리 자신을 창조해야 한다.'고 언급했다.
8 차라투스트라는 이렇게 말했다. 프리드리히니체. 책세상, 2000.

를 창조해야 할 필요가 있어. 정당한 의무와 책임이 있는 것이야.

그래서, 성장해야 하는 이유는
첫째, 눈뜬 장님이면 안 되기 때문이야.
눈은 단지 '보는(see)' 것만이 아니잖니? 제대로 보는(sight) 것이어야 하잖아. 인간은 '신성(神聖)[9]'을 지니고 태어났어. 인간에겐 모든 것을 통찰할 신성한 힘이 있지. 보이지 않지만 볼 수 있고 만져지지 않지만 느낄 힘이 내재해 있단다. 엄마에게도, 네게도. 바로 이 내재한 것을 볼 줄 아는 눈이 진정한 보는(sight) 눈이야. 성장은 미지의, 보이지 않는 것을 보고 듣고 감지하여 나가게 하는 힘을 키워 결코 네 눈을 보이는 것만 볼 수 있는 눈뜬장님에 머물게 하지 않는단다. 그러니 아이야, 너의 눈에서 '잠과 흐릿한 온갖 것들, 캄캄한 것을 씻어내라[10]'. 등불을 켜서 말 아래 두는 사람은 없어. 등은 등경 위에 올려놓고 방안을 밝게 만드는 것[11]'이지. 성장은 이렇게 너의 눈을 등경 위에 올려두어 미지를, 너의 심연을, 그리고 네 주변의 모든 것을 보게 해주는 과정이야.

둘째, 귀머거리면 안 되기 때문이야.
성장하는 사람들 모두가 듣는 소리가 있단다. 바로 내면의 소리

---

9 올더스헉슬리(영원의 철학, 김영사)는 '나는 그저 인간적으로 선하고, 신은 뛰어나게 선하다. 신성은 존재하며, 그의 존재함은 선, 사랑, 지혜와 모든 나머지 것들을 그 본질과 원리로써 함유하고 있다.'고 언급했다.
10 차라투스트라는 이렇게 말했다, 프리드리히니체, 책세상, 2000.
11 마태복음 5장 5절.

야. 내면의 소리는 더 큰 너의 소리지. 현실의 너는 힘들다고, 어렵다고, 모르겠다고, 그만하겠다고 소리치지. 현실의 네가 제아무리 소리를 질러도 내면의 더 큰 너는 해보라고, 할 수 있다고, 이번에는 잘 해낼 거라고, 조금만 더 힘내라고 더 크게 소리쳐. 바로 그 내면의 소리가 성장하는 사람에게만 들리는 소리야. 네 성장의 소리를 꼭 들어야 해. 결코 내면의 귀머거리가 되면 안 된단다.

셋째, 몹쓸 혀로 말하면 안 되기 때문이야.

몹쓸 혀는 사람들을 실족시키는 어휘, 자기 귀에는 들리지 않는 위선의 소리에만 반응하지. 실패자들의 변명과 위로에만 길든 낡은 혀는 과감히 없애야 한단다. '반항적이며, 까다로운 혀[12].' 니체의 혀가 바로 성장하려는 이들이 탐내야 할 붉은 깃발 같은 것이 아닐까? '아니면 아니다, 그러면 그렇다'고 분명하고 명철하게 제때, 제대로, 제격으로 전할 수 있는, 바로 '해야만 할' 소리를 낼 줄 아는 소유자가 되기 위해 너는 성장을 결코 멈추면 안 된단다.

넷째. 손과 발이 분별없이 헤매면 안 되기 때문이야.

어디를 가리켜야 할지, 어디로 걸어야 할지 가리키고 향하는 손발이어야 하잖아? 잡아야 할 것은 절대 놓지 않고, 잡지 말아야 할 것은 뿌리칠 수 있는 손! 그런 손의 역할을 제대로 감당해야 해. 진짜 가야 할 곳으로 가지 못하고 가지 말아야 할 곳으로 가게 되는

---

12 차라투스트라는 이렇게 말했다, 프리드리히니체, 책세상, 2000.

분별력을 잃은 발을 가졌다면 허깨비 같은 사람이야. '영혼의 빈민 구제소[13]'에 수용될 운명이지.

다섯째, 영혼이 혼탁하면 안 되기 때문이야.
육신은 성장의 상한선이 있지만 영혼의 성장은 무한하단다. 성인의 몸은 성장을 다 하면 어느 시점부터 성장이 아닌 쇠퇴를 향하지만, 영혼은 저 우주로부터 지속적으로 네게 신호하며 네 육신이 가야 할 길로 끝까지 갈 수 있도록 이끌지. 영혼은 우리가 죽을 때까지, 아니, 죽어서도 면면히 이어지는 존재야. 신은 '나약한 영혼은 오랫동안 육체에 항거할 인내력이 없기[14]'때문에 사랑하지 않는대. 강인한 영혼만이 육체를 소명(召命)으로 불릴 수 있다는 말이야. 그러니 성장을 통해 너의 영혼을 항상 맑게 유지해야 한단다. 결국, 모든 성장과 진화의 궁극 목적은 '영적 진화[15]'니까.

아이야,
성장은 너의 모든 감각, 눈과 귀를 비롯한 60조의 세포까지 모두 진동하게 할 거야. 성장의 율동을 위한 진동이 힘겨운 감정과 두려운 정신이야. 그러니 기회의 문 앞에서 두렵고 힘겨운 심정이 들 때엔 '성장'의 기회라 해석하길 바란다.

---

13 구도자에게 보낸 편지, 헨리데이빗소로우, 오래된 미래, 2005.
14 영혼의 자서전, 니코스카잔차키스, 열린책들, 2009.
15 영원의 철학, 올더스헉슬리, 김영사, 2014.

'나는 뻣뻣하고 닥닥한 검은 화강암 덩어리이니,
어떤 손도 나에게 감동을 주지 못한다[16].'

대단한 표현이지?
엄마가 진짜 두려울 때 이 글귀는 신이 화강암이 되려는 엄마 옆에 있으니 맘껏 엄마를 분출시키라는 말로 들리기도 했고 또. 신이 이미 화강암으로 변하여 엄마를 도울 수 없으니 엄마 스스로 자신을 키워내라는 호통으로 들리기도 했어. 그래서 엄마는 신이 엄마 옆에서 도와주든, 화강암으로 변해서 엄마를 도울 수 없든, 그저 오늘 해야 할 몫을 하려고.

'오직 우리의 이성이 필요하고 명령하는 그대로를 따르는 게 주어진 임무를 충실히 실행해 나가는 방법[17]'이라는 것을 책에서 배웠으니 그대로 행동하는 것이야.

아이야,
과연 땅속 마그마는 자신이 화강암이 될 것을 알고 있었을까?
그저 마그마는 마그마의 일을 했을 뿐이야.
그저 자기가 끓어올라 세상으로 뛰쳐나갔을 뿐이야.
엄마도 두렵고 불안하고 엄마의 힘이 목표에 미치지 못할까 봐 겁

---

16 영혼의 자서전, 니코스카잔차키스, 열린책들, 2009.
17 황제의 철학, 마르쿠스아우렐리우스, 세종, 2004.

나! 하지만, 엄마에게서 탄생할 글이 세상으로 나가고 싶다고 아우성치잖아. 그래서 다 내려놓고 그저 하루하루 읽어야 할 책을 읽고 써야 할 글을 썼단다. 주어진 환경만 바라보는 게 아니고 되어야 할, 도달해야 할 나의 모습, 미래의 나! 원하는 나! 가지고 싶은 나! 되고 싶은 나!를 향해 거침없이 걸어가는 중이란다.

그런데 너, 아니?
성장을 멈추지 않는 이에게는 엄청난 보상이 따른단다.

화강암이 근사한 암석으로 그 주변을 제압하여 자신의 탄생을 뽐내며 필수관광코스가 되기도 하잖아. 그처럼 네 성장의 결과는 네 인생의 **새로운 상징**을 만들고 그 가치를 아는 이들이 네 주변에 모이게 돼. 너 자체가 상징되고 사람을 이끄는 힘을 지니게 되는 것이지. 그뿐만 아니라 절대 마르지 않는 **샘물** 같은 네가 된단다. 마그마는 화산 폭발 후 수년간 빗물을 따라 여행을 해. 그리고 화강암을 통과하는 과정을 거쳐. 그리고 대수층에 스며들어 맑은 샘을 만들지. 화강암은 이때 정수기 역할을 한단다. 미네랄이 풍부한 생수. 우리가 생명수라고 부르는, 그런 물이 되는 것이야. 네가 성장을 통해 이룬 결과는 네 인생에서 만나게 될 사막 같은 시간에 충분한 오아시스를 만드는 소중한 증거가 될 것이야.

그러니까 네가 성장하지 않는 건 우주에 아주 큰 손해가 아닐까?

우리가 우주의 화려한 축제 앞에서 하늘을 보며 탄성을 내지르지? 아마 우주도 인간이 자신의 삶을 축제로 만든 이에게 탄성을 내지르지 않을까?

신호는 결코 자극만 존재하지 않거든. 송신이 있으면 수신이 있어. 그렇게 교신이 이뤄지지. '과거와 현재의 과오에 대한 지고한 비판자이며 예언자인 자연[18]'에 우리가 마음을 여는 이유는 인간 존재를 포용하기 때문이야. 샘물처럼 생명을 포용하는 너는 **온 우주의 '부름'으로써 너를 성장**시켜야만 해. 그러지 않으면, 눈뜬장님으로, 내적 귀머거리로, 몹쓸 혀로, 분별력 없는 손과 발로 나약한 영혼의 소유자로 참 자아를 빼앗기고 말아.

그러니까, 아이야.
성장은 널 새로운 너로 만들기 위한 의무인 것이야.

성장의 진통을 통해 샘물이 된 네게 사람이 오고
사람이 오면 생명력이 솟고
생명력은 네 인생이라는 대지를 다른 지평으로 만들어낸단다. 새로운 지평에서 새로운 쓰임으로 너는 또 더 큰 성장을 이끌며 네 인생 전체를 네 뜻대로 성장시켜 나갈 수 있지. 가장 너다운 너로 말이야!

---

18 에머슨 수상록, 랄프왈도에머슨, 서문당, 1984.

그렇게 너는 너의 성장을, 엄마는 엄마의 성장을 향하자. 각자의 우주에 성장의 정류장을 세우면서. 그 정류장에서 많은 사람들이 성장으로 가는 걸음을 내디딜 수 있게 우리부터 자신을 성장시키자.

엄마부터 보여줄게.

나는 뻣뻣하고 닥닥한 검은 화강암 덩어리이니

숨 막히지 않고 살아남기 위한, 사회생활 호흡법

아이야, 숨 쉬고 있지?
엄마가 너의 숨소리를 확인한 건 신생아 때였지.
작은 네 심장이 잘 뛰고 있을까,
혹여 엄마가 잘못 뉘여 코가 막히지는 않았을까,
네 작은 몸짓에 이불이 네 얼굴을 덮은 것은 아닐까,
제 몸도 못 가누는 너의 숨을 방해하는 건 혹여나 없을까?
연신 너를 들여다보며 노심초사했단다.

그런데 신생아도 아닌데 왜 갑자기 너의 숨소리를 운운하냐고? 네가 살얼음판 같은 취업시장에 뛰어들어 마침내 첫 직장생활을 시작한 날, 엄마는 그때와 비슷한 기분이 들었어. 사회생활에 첫 발을 내디딘 네가 대견하면서도 한편으로는 안쓰러웠지. 엄마의 안락한 자궁 속에서 세상으로 나온 그 때의 네 심장이 안전한 부모 품에서 전쟁이라 불리는 사회로 진입한 지금의 네 심장과 뭐가 다를까 싶어서…

'지난해 청년 고용률이 50%에 미치지 못했다[1]'는 뉴스를 들었어. 청년 두 명 중 한 명은 일자리를 찾지 못한다는 사실에 엄마는 기성세대로서 책임감을 느꼈어. 그런데 그토록 어렵게 '취업한 첫 직장에서 청년들의 1/3이 그만두고 이직을 한다[2]'는 소식에 한번 더 놀랐단다. 그만큼 사회생활의 시작도, 지속도 힘들다는 것이겠지? 네가 사회생활을 할 때 말이야, 직장인이든 사업가든, 프리랜서든 상관없이 어떤 일을 하든 반드시 사람들과 교류하는 순간을 마주하게 돼. 또한, 네가 종사하는 업(業)에는 관련된 조직이 존재하고, 그 조직에는 네 업적을 평가하는 기준들은 반드시 있어. 그 기준들은 네가 마음대로 결정할 수 있는 게 아니야. 결국 그 안에서 네가 적응하거나 떠나거나 둘 중 하나를 선택해야 하는 순간이 반드시, 빈번하게, 누구에게나, 불시에 찾아온단다.

그래서 엄마는 너의 사회생활 선배로서 이야기를 해볼까 해. 매일 네 폐가 호흡하듯 매일 출퇴근할 때 끊임없이 드나드는 너의 감정과 의식에 관하여, 엄마가 짧다면 짧고, 길다면 긴 사회생활

---

1 2024년 12월 및 연간 고용동향 보고, 통계청, 2024.
2 2024년 5월 경제활동인구조사 청년층 부가조사 결과, 통계청, 2024.

에서 깨달은 **'숨 막히지 않고 살아남기 위한 사회생활 호흡법'**을 알려줄게.

가장 먼저, 네가 출근하려 일어나는 순간부터 퇴근하고 잠들 때까지 매순간 들이마시는 들숨인 **'귀찮음'**, 둘째는 조직생활에서 너도 모르게 가장 많이 내뱉는 날숨인 **'눈치'**, 셋째는 너의 감정을 실어 나르는 한숨인 **'질투'**, 마지막으로 네 숨통을 더 크게 열어주는 큰숨인 **'가식'**에 대해 이야기할 거야! 귀찮음, 눈치, 질투, 가식. 우리가 매순간 느끼고, 매일 의식하며, 반복하는 감정과 생각들 아닐까? 우리는 이 녀석들을 부정적으로만 인식하고 힘들어하지. 그런데 정말 그럴까? 만약 그저 뻔한 감정들에 불과하다면, 엄마는 너에게 이 편지를 쓰지 않았을 거야. 자, 먼저 숨을 들이 마셔보자.

숨 막히지 않고 살아남기 위한, 사회생활 호흡법 1
- 귀찮음, 너의 시작을 알려주는 들숨 -

엄마가 사회생활을 하며 가장 많이 생각하고, 입속에 담고 있던 말이 뭔지 아니?
"귀찮아"야. 물론 귀찮음이 생겨나는 곳은 사회생활만은 아닐 거야. 엄마가 퇴근 후 너를 돌보고, 자기 전까지 가장 많이 삼켜야 했던 말도 "귀찮아"거든. 눈을 뜨면서부터 물밀듯 가슴속으로부터 밀려오는 오늘의 할 일들, 그 일에 그림자처럼 딱 달라붙는 감정. 그게 바로 귀찮음이지. 그러고 보니 귀찮음은 엄마의 일생을 따라다니는 그림자 같은 존재네.

그런데 말이지, '귀찮다'는 건 도대체 어떤 감정일까?
사전적인 의미로는 마음에 들지 않고, 괴롭거나 성가시다란 뜻인 건 다 아는데 품사가 형용사라는 점에서 보면, 이 단어는 분명 감정을 나타내는 어휘겠지?

네가 어릴 때 들려줬던 인디언 체로키 부족의 이야기 기억하니? 우리 안에는 착한 늑대와 나쁜 늑대 두 마리가 있잖아. 어떤 선택 앞에서 이 두 녀석은 항상 싸우지. 너는 어때? 주로 어떤 녀석이 이겨? 그리고 어떤 녀석이 이기면 좋겠니? 이기는 녀석은 항상 네가 먹이를 많이 준 녀석이란다. 우리 그 녀석을 데리고 귀찮음에 대해 이해해볼까?

우리 안에 '귀찮아하는 늑대'가 있다면,
그 늑대에게 먹잇감을 제공하는 건 뭘까?

첫 번째로, 엄마가 생각하기에 '귀찮다'는 감정의 밑바탕에는 '공포'가 있어. 그건 눈앞의 일이 아니라, 아직 오지 않은 미래를 미리 걱정하고 두려워하는 '예기(豫期) 공포' 같은 거야.

> '할 일을 미루는 가장 일반적인 이유는 일종의 두려움 때문이다.
> 실패에 대한 두려움, 타인의 판단에 대한 두려움,
> 소수의 경우이긴 하지만
> 성공에 대한 두려움 등이 해당된다.
> 게으르거나 동기 부족으로 미룬다 하더라도
> 원인이 되는 기본적인 두려움은 여전히 존재한다[3].'

그렇게 '귀찮음'이라는 감정도 결국은 공포에서 비롯된 것이야. 겉으로는 무기력이나 게으름처럼 보여도, 그 안을 들여다보면 조용히 웅크리고 있는 두려움의 그림자가 있는 거야. 예를 들어, 회사에 가는 게 귀찮은 건 회사에 가서 일어날 일에 대한 공포 때문이지. 공포는 항상 거대한 파도처럼 오지만은 않아. 그냥 언제나

---

3 습관 혁명, 마크레클라우, 팬덤북스, 2016.

바다에 존재하는 물결 같은 공포도 존재하지. 내가 하고 싶지 않은 업무를 맡아야 하는 공포, 내 계획대로 일이 진행되지 않을 수 있다는 공포, 내가 좋아하지 않는 사람과 마주해야 하는 공포 등. 파도 없는 바다가 존재할 수 없듯 우리의 일상도 작은 공포들이 늘 존재하고 있지. '귀찮은 것은, 귀찮은 문제를 무서워하는 일종의 공포[4]'인 것이야.

엄마는 아주 중요한 발표가 있는 날, 기초 데이터 분석부터 자료 작성, 평가자 정보 조사, 리허설까지 해야 할 일이 산더미일 때 당연히 준비해야 한다는 걸 알면서도, 문득 '귀찮다'는 감정이 스며들어. 왤까? 그 발표의 결과가 중요할수록, 엄마는 그만큼 실패에 대한 두려움을 느끼는 것 같아. 그리고 바로 그 공포가 귀찮음에 먹이를 주는 것이지.

일상 속 **사소한 두려움들은 우리를 움직이지 못하게 하는 귀찮음이라는 그림자를** 만들어.
태양이 떠 있음을 알면서도 여전히 그늘에 머물게 하는 그림자.
무언가 시작해야 함을 알지만, 손과 발을 무겁게 만드는 그림자.
그리고 결국,
첫걸음을 미루게 만드는 그림자.

---

4 귀찮으면 지는 거야, 마오더슝, 아토북, 2018.

귀찮다는 감정의 두 번째 원인은 뭘까?

현실을 '회피'할 때, 귀찮음은 더 크게 자라나. 결과에 대한 공포가 귀찮음을 낳고, 그 귀찮음을 피하려는 선택이 결국 귀찮음을 더욱 강하게 만드는 거야. '타조 효과'를 아니? 날 수 없는 대신 뛰는 속도가 빠른 타조는, 위험을 느끼면 달아나기보다 모래 속에 머리를 묻고 회피해. 왜 그렇게 빠르게 달릴 수 있음에도 도망치지 않을까? 귀찮아서일까? 그건 알 수 없지만, 분명한 건 타조는 직면 대신 회피를 택한다는 거야. **우리도 때론 타조처럼, 해야 할 일을 앞에 두고 현실이 아닌 귀찮음이라는 모래 속에 고개를 파묻곤 하지.**

우리는 늘 크고 작은 문제들을 마주해. 문제를 해결하려면, 익숙하지 않은 노력이 필요하지. 왜냐면, 문제는 지금 내게 없는 것, 모르는 것으로 인해 발생하니까. 하지만 대부분의 사람은 익숙함에 머물고, 현실에 안주하려 할 거야. 변화는 불안하고, 성장은 불편하니까.

많은 사람이 백세 시대를 준비해야 한다는 사실은 알고 있잖아. 정년은 여전히 60세고, 노후는 그 이후 수십 년이나 남으니까. 그럼에도 불구하고, 실제로 준비하는 사람은 많지 않아. 지금의 일 외에 새로운 영역을 개척해야 하는 일들, 그러니까 자격증을 따거나, 재테크 공부를 하거나, 온라인 강의를 듣는 등 선택지는 많지만 끈기있게 실천하는 사람은 실제 드물단다. 알면서 하지 않아.

인류역사상 처음인 100세 시대, 어떤 시뮬레이션도 없는 시대를 사는 것은 아는데, 알지만, 그럼에도 불구하고 언젠가 닥칠 미래를 마주하고 싶지 않아 하는 것이야.

몰라서이기도, 두려워서이기도 하겠지. 또는 어딘가에서 해결책이 저절로 생기길 바라는 마음일지도 몰라. 하지만 경제학의 아버지 필립코틀러가 벌써 10여 년 전에 강력하게 해준 말이 있거든. '대단한 혁명가가 나타나서 이 시대를 변화시켜줄 것을 기대하지 말라 [5]'고. 하지만 많은 사람들은 스스로 그 해결책을 찾는 일을 회피하는 거야. 타조처럼, 땅속에 목을 묻고 있는 셈이지.

자, 이제 마지막이야.
귀찮음이 자라는 마지막 먹잇감은, '자만'이란다.
완벽주의자들은 자신의 선택과 행동, 결과에 대한 완전한 만족과 지지를 받아야만 한다고 생각해. 그 자만은 '완벽하지 않을 바에야 시작도 하지 말자'는 마음의 씨앗이 되지. 학교 운동회 때 달리기 경주를 하는데, 1등 하지 못할 바에야 출발선에 서지도 않겠다던 친구 기억나지? 결과의 완벽성에 대한 강박 때문에 시도조차 하지 못했던 그 친구 말이야. 그런데 말이야, 이 자만심에는 함정이 숨어 있어. '1등이 아니면 아무 의미 없다', '그저 경주에 참여하는 건 쓸모없다', '달리기 위해 연습하는 시간조차 의미 없다'는

---

5 다른 자본주의, 필립코틀러, 더난출판, 2015.

생각. 하지만 만 번의 시도 끝에 전구를 발명한 토머스 에디슨이 뭐라고 했는지 아니? '나는 실패한 것이 아니다. 단지, 잘 되지 않는 만 가지 방법을 찾았을 뿐이다[6]'라고 말했단다.

그러니, 명심하렴. 완벽을 가장한 자만은 달리기 경주를 위해 운동화 끈을 고쳐 매는 일조차 귀찮게 만들어. 문을 박차고 나가 심장을 떨게 할 그 소중한 시간을 하찮게 여겨버리는 것이지. 귀찮은 일을 하찮게 취급해야 그 하찮은 짓을 안 한 '자만'에 어울리는 사람이 되는 거니까. 그렇게 결국 친구들과 함께 경주를 뛰어볼 수 있는 단 한 번의 기회마저 스스로 포기하게 만들어.

사실, 이 자만은 네가 지금 갖고 있지 않은 어떤 결핍에서 비정상적으로 태어났다는 걸 눈치챘니? **자만은 너 스스로 그 결핍을 회복할 수 있는 기회마저 앗아가 버리는 자승자박의 상태를 만들어 내는 것이야.** 어때? 귀찮아하는 늑대가 좋아하는 공포, 회피, 자만이라는 먹잇감. 이 중 하나라도 갖지 않은 사람이 있을까? 없잖아. 우리 모두는 때론 미루어 두려워하고, 타조처럼 당장의 현실만은 피하고 싶고, 근거 없이 자만하곤 해.

그러니 귀찮아해도 괜찮아.
그건 당연한 감정이니까.

---

6 마흔 고비에 꼭 만나야 할 장자, 이길환, 이든서재, 2025.

그 귀찮음이란 녀석이 네 앞에 작은 돌멩이 정도라서 네가 '뻥' 차 버릴 정도라면 괜찮아.
그렇게 뻥 차버려도 되고,
밟고 가도 되고,
저기 집어던져도 되고
피해가도 돼.
후후, 그냥 손으로 주워 냅다 주머니에 넣어버려도 되지.

그런데 말이야, 네 주머니에 넣은 작은 돌멩이들을 그냥 두면 어떻게 될까? 그 돌멩이들 때문에 예쁜 옷이 찢어지고 네 스타일도 망가지겠지. 하지만 괜찮아. 다시 수선하면 되니까. 그 돌들이 네 앞의 벽이 되어 나타나도 괜찮아. 무너뜨리면 되니까. 다시 수선하여 새 옷으로 만들 수도 있고 무너진 벽 뒤에 난 새로운 길을 걸을 수도 있지. 우리에겐 언제나 길을 만들어낼 수 있는 가능성이 있으니까. 마오더슝의 말처럼 '인생의 절반은 귀찮음이고, 다른 절반은 귀찮음을 해결하는 것[7]'이니까.

자, 네가 습관적으로 '귀찮아' 늑대에게 먹이를 줬다면 '그냥 해' 늑대에게 먹이를 주면 돼. 귀찮아 늑대에게 먹이를 준만큼 '그냥 해' 늑대에게 줘야 힘이 비등해지겠지? 꽤 오랫동안 '그냥 해' 늑대에게만 먹이를 주고 귀찮아 늑대는 굶기면 돼. 그러면 귀찮아

---

7 귀찮으면 지는 거야, 마오더슝, 아토북, 2018.

늑대는 힘을 잃어.

그렇게 귀찮음의 첫 번째 원인, '공포'를 엄마는 **'그냥'**의 힘으로 극복했어. 일을 잘하는 사람은 일의 끝에서 생각하거든! 그래서 첫째, 일의 결과를 머릿속에 그려. 멜 로빈스의 '5초의 법칙[8]'인데, 알람이 울렸을 때 '다섯까지만 세고 일어나자'고 마음먹으면 어느새 '열까지만 세고 일어나자'고 스스로와 타협하게 되거든. 자기 자신과 타협하는 일만큼 쉬운 것도 없지.

그래서 '5, 4, 3, 2, 1, 0! 일어나!'
거꾸로 세는 거야!

0이 된 순간 더 이상 셀 수는 없지?
그러니까 행동만 남게 되잖아.
망설이기 전에 바로 움직일 수 있는 힘이 돼.

'그냥'의 위력이야.
끝이 아닌 시작을 기점으로 하는 거야.
너의 행동의 기점은 수의 끝이 아닌 시작에 있어.
끝에서 바라보고 숫자를 거꾸로 세어 0을 만들면 '그냥 할 수 있는' 힘이 돼.

---

8 5초의 법칙, 멜로빈스, 한빛비즈, 2017.

엄마가 업무적으로 사고를 쳤을 때, 엄마는 그냥 출근했단다. 휴가를 쓸 수 있지만 그건 회피였지. 아무것도 해결하지 않은 채 고개만 모래더미 속에 처박는 타조가 되는 건 어리석잖아. 그래서 그냥 출근했어. 그냥 컴퓨터를 켰고, 그냥 상사와 동료들에게 인사했어. 그게 그냥 엄마가 할 수 있는 일이었으니까.

결국, **해야 할 것을 그냥 하면 귀찮음의 두 번째 먹잇감인 '회피'도 자연스레 벗어나게 돼.** 널 회피하게 만든 네 상상 속에서 만들어진 최악의 일은 일어나지 않아. 회피해서 키워내는 내 머릿속의 최악만큼 실존하는 최악의 상황은 없으니 걱정하지 않아도 된단다.

그리고 아이야... 마지막으로 **'실패'** 하렴.
실패가 '자만'을 없애는 아주 중요한 동력이 될 거야. '자만'으로 차있던 공간을 '겸손'으로 채울 수 있어. 하지만 기억해. 실패에도 방법이 있고, 자격이 있어. 아무나 실패할 수 있는 게 아니란 뜻이야. 실패는 무엇이든 해본 사람만이 할 수 있어. 실패란 도전의 등에 업혀 오는 가치거든. 새로운 시도를 해도 한 번에 합격하지 못하고, 노력해도 한 번에 성공하지 못하고, 새 친구를 사귀려 해도 모두가 좋아해 주진 않아, 실패는 늘 찾아온단다. 하지만 이 모든 실패는 너의 자만을 막아주는 예방접종 같은 거야. **실패를 겪으며, 모든 결과가 완벽할 거란 환상이 자만임을 깨닫게** 될 거야.

자, '귀찮음'은 이렇게 너에게 '귀띔'해주는 신호야.
"그냥, 지금 네가 할 수 있는 것만 하라"고 조용히 알려주는 것이지. 그러니까 귀찮음을 너의 귀빈처럼 대접해 봐. 귀한 손님을 기다리게 할 순 없잖아. 그냥, 바로 시작하는 거야. 그렇게 하면, 귀찮음은 결국 너의 위대한 시작으로 귀결될 거야.

'우리가 무엇을 생각하느냐?
무엇을 알고 있느냐?
무엇을 믿고 있느냐는 별로 중요하지 않다.
중요한 것은
결국 우리가 무엇을 행동으로 실천하느냐다[9].'

자, 이제 너만의 방법으로 귀찮음을 다루며 출근했니?
그럼 이제 숨을 잘 내쉬어보자.

---

9 The Crown of Wild Olive, Ruskin, John, London: Smith, Elder & Co., 1866.

숨 막히지 않고 살아남기 위한, 사회생활 호흡법 2
- 눈치, 너의 말랑한 날숨-

네가 출근하고 가장 먼저 하는 일이 뭐야? "안녕하세요"라는 말이 아닐까? 아니 어쩌면 그 말을 내뱉기 전 네 주변의 공기가 정말 안녕한지를 살피게 되지 않을까? "안녕하세요"라는 말을 작게 말해야 하는 상황인지 혹은 그냥 자리에 앉아야 하는 상황인지 훑게 되잖아. 우리도 모르게 공기의 흐름을 읽는 것이지.
그걸 우리는 '**눈치**'라고 하지.

요새 사람들이 "눈치 보지 마"라는 말을 한다는 건, 그만큼 사람들이 눈치를 많이 본다는 방증이야. 하지만 우리는 알고 있어. 눈치 보지 말란다고 안 볼 수 없다는 걸. 눈치가 있는데 어떻게 안 봐? 그리고 진짜 눈치가 없는 게 좋은 걸까? "쟤는 눈치도 없나" 혹은 "눈치코치 없이 왜 저래?"라는 말이 있는 걸 보면 눈치도 꼭 필요한 것이겠지?

엄마는 말이야, 있는 그대로를 인정하고 싶어. 눈치라는 녀석을 찬밥취급하거나 교정해야 할 녀석이라고 생각하지 않아. **눈치는 인간의 아주 특별한 지능**이거든. 인간이 사회적 동물이기 때문에 살아가려면 반드시 있어야만 하는 사회적 지능, 눈치도 그 중 하나야. 물론 사막에서 계속 두리번거리며 정찰하는 미어캣처럼 본능적으로 생존을 위해 눈치를 보는 동물도 있대. 하지만 인간의 눈치가 조금 더 특별한 이유는 생존 기능은 물론이고 나아가 **'스스로를 돌아보게 만드는 성찰'**의 기능도 하기 때문이야.

매일 우리는 **'내 안의 눈치'**를 봐야 할 거야.
내가 앞으로 절대 화내지 않겠다고 다짐해놓고 왜 못 지켰을까?
내가 절대 시간에 쫓겨 일하지 않겠다는 약속을 왜 또 반복할까?
내가 오늘은 꼭 운동해야지 했는데 왜 또 TV앞이야? 나 지금 뭐 하는 거야?

이렇게 자문자답하는 생명체는 인간뿐이지 않을까? 앞서 말한 귀찮음을 '스스로의 눈치'로 자문자답하게 하고 자신을 성찰시켜 변화로 이끌지. 뿐만 아니라 나 스스로가 무엇을 느끼는지 자신의 감정과 감각의 민감함을 알아야 해. 스스로를 공감한다는 것은 스스로를 민감하게 눈치 볼 수 있다는 의미와 통하지 않니? 사물과 대상, 현상에 민감하려면 눈치 없이는 불가능하겠지?

자, 이렇게 스스로에게 눈치 있는 사람은 타인, 나아가 사회에서 눈치 있는 사람이 돼. 인간의 특별한 사회적 지능인 눈치는 '남의 마음을 그때그때 상황으로 미루어 알아내는 것 [10]'이라고도, '대인관계, 사회생활에서의 공감 능력, 대처 능력, 판단 능력, 이해 능

---

10 네이버의 '눈치' 정의

력, 재치[11]'라고도 정의되어 있거든.

그때그때 미루어 알아내는데 대처와 판단, 이해능력이라니? 어 때? 굉장히 주관적이고 기준은 없지만 꼭 필요한 능력이지? 주변을 둘러보면 '눈치 빠른 사람' 혹은 '눈치코치 없는 사람'에 대한 사람들의 판단은 대부분 비슷해. 누가 눈치가 빠르고, 누가 눈치가 정말 없는지 대개 느낌으로 알고 있어. 명확하지 않은 눈치의 능력에 대해 나름의 사회적 합의를 갖고 있다는 말이지. 그만큼 눈치는 사회적으로 통용되는 보편적 능력이란 뜻도 돼. 그래서 미국의 심리학자 손다이크[12]의 '눈치는 사회적 지능'이라는 정의에 엄마는 공감하게 된 것이야. 사회적 지능은 '일상생활에서 자기 및 타인의 감정과 사고행동을 이해'하는 능력이니까 눈치의 역할이 딱 들어맞지.

결과적으로,
'눈치란, 타인의 감정과 상호행동을 이해하는데 꼭 필요한 능력'
이란다.

눈치가 없는 경우를 상상해봐.
내가 타인의 눈치를 보지 않고 그 누구도 내 눈치를 살피지 않는

---

11 나무위키의 '눈치' 정의
12 에드워드 손다이크(Edward Lee Thorndike, 1874~1949), 사회적 지능이라는 용어를 사용한 최초의 심리학자로, '학습의 시행 착오설'의 제창자

다면? 그만큼 공감력도 소통력도 저하될 것이고 사막 같은 관계만 남을지도 모르지. 엄마 회사에 얼마 전에 엄청난 경쟁률을 뚫고 신입사원이 왔는데, 그 순간부터 팀에 평화가 사라졌어. 팀장님의 업무 매뉴얼을 전혀 따르지 않았기 때문이야. 처음엔 팀장님의 호랑이 같은 질책이 과하다고 생각했지만, 곧 팀원 모두가 팀장님을 불쌍히 여기게 됐어. 신입사원은 팀장님의 억양이나 표정을 전혀 읽지 못했고, 오히려 팀 전체가 그 신입사원 때문에 눈치 싸움을 해야 했거든. 결과적으로, 신입사원의 업무 성과와 평가가 바닥인 것은 당연했어.

타인에 대한 눈치가 없는 건 자기 자신한테 너무나 손해야!
게다가 문제는 거기서 끝나지 않아. 눈치없는 한사람 때문에 전체가 다 눈치만 보게 돼. '도대체 저 친구는 왜 눈치가 없지? 저 불똥이 나까지 튀는 거 아니야?' 하고 주변 사람들이 내 몫의 눈치까지 보게 되지. 일하는 에너지를 눈치 보는 데 쓰게 돼. 그러니 타인에 대한 눈치는 나에게도 타인에게도 꼭 필요한 능력이야. 이걸 무조건 보지 말라고 하는 건 사회적 손실이지. 눈치는 인간에게 고유한 사회적 지능, 선물 같은 능력이야.

그러면, 눈치를 어떻게 보면 좋을까?
이를 알려면 '눈치를 어떻게 보면 안 좋을까?'로 바꿔 생각해 보니 어렵지 않더라.

'영리'한 사람과 '영악'한 사람이 약간 다르지?
'영(魂)'을 '리(理)', 이롭게 쓰는 사람.
'영(魂)'을 '악(惡)', 해롭게 쓰는 사람,
모두 눈치 있는 사람이긴 하지만 방향이 다르지.

눈치를 악용하는 경우는 영악한 경우지. 눈치를 악용한다는 건, 눈치를 이용해 타인에게 과도한 부담을 주게 돼. 엄마 회사의 팀장님은 눈치의 신이었어. 그 자신도 눈치가 빨랐지만, 팀원들이 모두 그의 눈치를 보게 만드는 데 뛰어났거든. 원하는 성과가 나오지 않으면, 그 성과가 나올 때까지 계속 눈치를 줘. 직원들이 눈치를 보게 하구. 그게 바로 그의 권력이었지. "최 대리, 내가 말한 거 아직 안 했나요? 팀장 말을 별로 신경 안 쓰나 보네? 내 말뜻 알죠?" 이 말을 들은 팀원들 모두 눈치 레이더에 빨간불이 켜졌어. 출근부터 퇴근까지, 보고서를 들고 가는 순간은 빨간불 두 개, 최종 결재를 올리는 순간은 빨간불 세 개. 초록불은 단 한 번도 없었어. 결과는 어떨까? 잠시 성과가 나오긴 했지만, 장기적으로 그 팀은 얼어붙었어. 팀장이 바라는 창의적인 아이디어는 전혀 싹트지 않았거든. 모두가 눈치 보느라 바빴으니까.

또, 눈치를 과용하는 경우도 있어. 타인의 눈치를 스스로 지나치게 보는 사람들이 그렇지. 이런 사람들에겐 '유아적 욕구'가 숨어 있어. 그건 타인에게 의존하려는 심리야. 아이들이 부모 눈치를 보는 건 자연스러워. 부모에게 자신의 생존이 달려 있으니까. 그래서 울어도 될 때만 울고, 아무 소용없을 땐 울지 않아. 눈치가 생긴 거지. '누울 자리를 보고 다리를 뻗는다'는 경구도 결국 눈치얘기잖아.

하지만 성인이 돼서도 부모의 눈치를 계속 본다면? 그건 아직도 유아적 욕구가 강하다는 뜻이야. '부모가 내 성과를 인정해줘야 해', '내 선택을 지지해줘야 해', '내 의견을 들어줘야 해' 이런 기대가 클수록, 부모 눈치를 더 많이 보게 돼. 그리고 부모로부터 심리적 독립을 못한 사람은 다른 사람들 눈치도 많이 보게 돼. 그들 역시 자신을 지지하고 평가해주는 존재로 느끼기 때문이야. 결국 유아적 욕구가 타인에게까지 확장된 것이지.

'내가 누구를 격렬히 비난하고 싶어질 때 우리는 한번 그것이 우리의 그림자의 투사가 아닌가를 생각해 보아야 한다[13].'

결국 '눈치'는 어릴 눈(嫩), 깃발 치(識). 어린 깃발이 아닐까?
어리다는 건 단단하지 않다는 의미잖아.
단단하지 않은 사람이 깃발을 들고 사회라는 전쟁터에 나간거야. 부드럽고 유연해서 어리고 순수한 깃발, 그래서 그 깃발이 펄럭이는 한 우리는 눈치를 제대로 활용할 수 있어. 하지만 그 깃발이 굳

---

13 분석심리학 이야기, 이부영, 집문당, 2014.

어버려 어떤 바람에도 펄럭이지 않는다거나 깃대가 통째로 이리저리 치이는 상황이라면 눈치를 제대로 영리로 활용할 수 없겠지. 사회와의 소통이 닫혔거나 막혔다는 의미이고 깃대가 통째로 뽑혀 이리저리 치인다면 그건 눈치가 너의 존재자체를 위태롭게 만들기 시작했다는 의미야.

결국, 눈치란 '유연성'이야. 유연한 몸이 부상을 예방하듯, 유연한 마음은 정신의 노화와 고립을 막아줘. 눈치도 마찬가지야. 너에게 그런 역할을 해주는 것이지. 엄마가 요가를 10년 넘게 하며 깨달은 게 있단다. **진짜 유연함이란, 흔들리되 부러지지 않고, 부러지지 않되 흔들릴 자유가 있는 상태란다.**

사회적 관계에서 발휘되는 눈치가 외면의 유연성이라면, 너의 내면에서 작동하는 눈치는 내면의 유연성이어야 해. 다시 말하지만, 자신의 눈치에 민감한 사람이 대상, 타인과의 관계 속에서도 제대로 눈치를 활용할 수 있어. 내 안에 진정한 자아가 튼튼한지, 그렇게 자아가 중심을 잘 잡고 있는지, 그 가치관대로 살고 있는지, 매일 들여다보는 것, 그게 바로 눈치의 시작이야. 꼭 기억하렴.

너의 가치관(價値觀)이 곧 너의 눈치관(官; 감독할 관)이란다.

'눈치가 있으면
상대방에게 자신의 입장을 분명하게 전달할 수 있다.
자신을 이해하지 못하는 사람은
상대방에게 자신을 쉽게 이해시킬 수 없다[14].'

자, 이제 너의 감정을 그대로 실어 날라주는 숨에 집중해보자.

---

14 아주 세속적인 지혜, 발타자르그라시안, 페이지2북스, 2023.

숨 막히지 않고 살아남기 위한, 사회생활 호흡법 3
- 질투, 어제와 오늘을 잇는 한숨 -

입이 위아래로 삐죽대기 시작해. 동공은 좌우로 흔들리기 시작하지. 그리고 입에서는 채 솎아지지 않은 뾰족뾰족한 자음과 모음들이 맞부딪히고 있어. 이상하게 골이 난다. 내 안에 한동안 잠잠하던 '샘통'이란 곳이 차오르기 시작해. 그러다 찾게 되지. 가까이 있는 대나무 숲을. 그리곤 외치는 거야. "진 과장 귀, 당나귀 귀야! 내가 아는데 별로 잘나지 않았거든!"

지금 느끼는 이 감정이 뭐야?
바로 **'질투'**야.
누구에게나 질투라는 감정이 있어. 특히 누군가는 나보다 위, 누군가는 나보다 아래의 상대적인 평가를 받아야 하는 사회 조직에서는 결코 없어지지도, 없앨 수도 없는 감정이지.

한번은 엄마 회사에서 이런 적이 있었어. 후배였던 진 과장이 선배인 나 과장보다 먼저 승진을 한 거야. 연공서열대로 승진하라는 법은 없지만, 그래도 공적에 큰 차이가 없다면 승진서열에서 후배가 선배를 넘어서는 경우는 많지 않거든. 그러니 나 과장이 받은 충격은 말도 못했겠지? 하필 진 과장과 나 과장은 같은 팀이었는데 후배였던 진 과장이 그 팀의 팀장이 된 거야. 후배에게 '팀장님'

이라는 호칭을 불러야 했으니 나 과장의 심장에 불이 붙었지. 억울함도 있겠지만 결국 억울함은 질투로 전이되지.

우리가 '질투'라는 감정을 느끼려면 두 가지 조건이 성립해야 해. 먼저, 누군가 나보다 잘나야 하지. 나보다 예쁘거나, 나보다 부자거나, 나보다 인정받거나, 나보다 인기가 많거나. 회사라는 조직으로 좁혀볼까? 누군가 나보다 평가에서 인정을 잘 받는 경우지. 두 번째로, 그 누군가가 나와 가까운 존재여야 해. 보통의 사람들이 빌게이츠나 워렌 버핏이 자기보다 부자라고 해서 그들에게 질투를 느끼지 않아. 그들이 물리적으로 심적으로 나와 더 가까운 존재일 때 우리는 질투의 불씨를 더 활활 태운단다.

그런데 이 '질투'가 나쁜 감정일까? 세상에는 당연히 나보다 잘난 이들이 존재하잖아. 누군가는 더 잘 나고, 누군가는 더 못 나기 마련이잖아. 그런데 왜 당연한 현상에 따른 자연스러운 감정에 우리는 옛날부터 '칠거지악'이라는 말까지 붙여가며 '악한 감정'이라는 멍에를 씌어버렸을까?

질투는 '다른 사람이 잘 되거나 좋은 처지에 있는 것 따위를 공연히 미워하고 깎아내리는' 심성이야. 공연히. 아무 까닭이나 실속 없게 말이야. 그렇다면, 질투라는 감정에 까닭이나 실속을 차려주면 어떨까? 질투가 어쩔 수 없이 사람의 심지에 불을 붙이는 감정이라면 그 붙은 불을 유용하게 한번 써보는 거야. '공연히' 미워하는 마음 말고 '공공연히' 마주하는 마음으로 방향을 바꿔보자는 거야. **질투하는 마음을 부끄러워 감추거나 뒷담화의 불쏘시개로 쓰지 말고, 그 질투의 이면을 이용해 나의 잠재력을 불태우는 장작으로 활용하는 거야.**

질투의 이면을 보려면, 결과가 아닌 과정을 봐야 해.
나 과장이 승진에서 누락되고 후배인 진 과장이 승진한 건 결과일 뿐이야. 표면만 보면 나 과장이 피해자처럼 보이지만, 실제론 과정이 달랐지. 연차는 나 과장이 높았지만, 팀 내에서의 핵심 역할은 진 과장이 맡았어. 어려운 업무와 의사결정도 도맡았고, 팀원들도 그걸 지켜봤지. 반면 나 과장은 그 과정에서 비켜나 있었지. 진 과장은 묵묵히 조직에 기여했고, 그에 대한 정당한 보상으로 승진한 거야. 결국 나 과장의 질투는 과정에 대한 무지에서 비롯된 시기심(猜忌心)이었던 것이지.

> '질투는 자신도 얼마든지 가질 수 있는 좋은 것이
> 자기와 본질적으로 다르지 않은 자들에게 있는 것을 보고서,
> 그것이 내 것이 아니기 때문에 느끼는 어떤 괴로움이다.
> 그렇기 때문에
> 질투는 좋은 사람이 느끼는 좋은 감정이지만,
> 시기는 나쁜 자들이 느끼는 나쁜 감정이다.

전자는 남을 부러워하게 하여
자기도 그 좋은 것을 얻으려고 분발하게 하지만,
후자는 남을 시기하게 해 좋은 것을 남이 갖지 못하게 하려고
애쓰게 하기 때문이다[15].'

자, 그러면 질투의 이면을 보는 두 번째 과정으로 들어가 보자.
공연한 하수의 질투가 아닌,
공공연한 그러니까, 떳떳한 고수의 질투라는 건 어떤 질투일까?

먼저, **마주보는 거야.**
질투가 느껴지는 상대방의 과정과 결과.
질투를 느끼고 있는 나의 과정과 결과로 나눠보자.

동트기 전의 새벽이 가장 어둡다지? 모두가 자는 그 어두운 새벽에 누군가는 깨어 있었어. 잠자며 꾸는 꿈 대신 깨어나 꿈을 이루고 있었을 거야. 그 과정은 보이지 않지. 유명한 축구선수 메시[16]가 작은 키를 극복하기 위해 몇 번의 공을 찼는지, 몇 번의 관절 부상을 극복했는지는 메시가 유명해지기 전까진 아무도 몰랐잖아. 성공하기 전의 수많은 시행착오의 과정들에 관해선. 성공하고 유명해져야 그간의 일화가 영웅담처럼 들리기 시작하는 거니까.

---

15 아리스토텔레스 수사학, 아리스토텔레스, 지성출판사, 2020.
16 리오넬 안드레스 메시 쿠치티니(Lionel Messi, Lionel Andres Messi Cuccittini, 1964). 아르헨티나 출신의 축구선수

우리는 동이 터야 아침이 왔다고 생각하고, 길거리에 사람들이 돌아다녀야 완전한 아침이라고 생각하지. 하지만 아침의 시간을 모두가 똑같이 맞이할까? 아니, 사실은 아침을 맞이할 준비가 되어 있는 사람에게 아침이 아침답게 오는 것이잖아.

바로 이 원리가 질투에도 똑같이 적용되는 것 같아.
동이 트고 나서야 눈부신 아침을 맞이한 사람에게 질투가 나지? 하지만 진짜 그 사람처럼 되고 싶은 욕망이 든다면, 동트기 전 아무도 주목하지 않았을 그 사람의 새벽부터 닮아야겠지. 그 새벽을 그리 보내는 사람이기에 동트는 아침의 그 사람이 된 것이니까.

내가 그 사람만큼 노력했나?
그 사람만큼 책을 읽고 공부했나?
그 사람만큼 내가 뛰어봤나?
그 사람만큼 내가 시련과 고난을 묵묵히 버텨냈나?
그래서 나는 어제의 나보다 나아졌나?
그리고 종국에 마지막 질문에 다다르는 거야.

'내가 저 사람을 질투할 자격이 있나?'
이 질문들을 마주하다 보면 결국 깨닫게 돼. 내가 '진짜 질투'를 할 '자격'이 있는지 없는지. 그러니 우리는 진짜 상급의 질투를 하려면 반드시 이 질문들을 마주해야 해. 그렇게 질투를 마주보고 진짜 질투의 자격을 얻고 나면 이젠 질투를 활용해보자. '인간을 늘 따라다니는 열등감은 위축, 불안전에 대한 느낌으로 인간의 의식 속에 항상 존재하며 자연에 적응하는 과정에서 더 좋은 방법과 더 나은 기술을 찾기 위해 항존하는 자극으로 작용[17]'하니까.

우선, 어제의 내가 오늘의 나를 질투하도록 만들어보자.
질투의 대상을 어제의 나와 오늘의 나 그리고 내일의 나로 한정해두는 거야. 결국 경쟁은 어제의 나여야지 누군가가 아니잖아. 내가 나를 쑥쑥 키워내면 그 어느 누구와도 경쟁할 필요가 없지. 그러면 질투할 필요도 없지.

내가 어제의 나보다 노력했나?
어제의 나보다 목표를 향해 시간을 투자했나?
어제의 나보다 조금 더 많이 뛰고 조금 더 깊이 뛰어들었나?

이 질문들에 실제 답해보는 시간을 가져야 해. 나로부터의 점검이 상대와의 비교와 검열로 이어지게 되지만 상대는 내가 알 수 없잖아. 그러니 결국, 내가 할 수 있는 한껏 자신을 키우는 것에 주력하면 된단다.

네가 어릴 때 봤던 '코딱지를 파지마'라는 연극 중 "오늘은 내일에

---

17 아들러의 인간이해, 알프레드아들러, 을유문화사, 2016.

게 거짓말 못해"라는 대사 기억나니? 오늘의 네가 행한 모든 것은 결코 내일의 너에게 거짓을 말할 수 없어. 어제의 내가 오늘의 나를 질투하도록 한 말과 행동도 절대 오늘의 나에게 거짓이 될 수 없겠지. 어제의 내가 질투할만한 오늘의 나를 만들어! 그렇게 어제의 너를 얕잡아보는 네가 되는 거야! 그렇게 하루하루를 만들면 결코 넌 상대를 질투할 이유도 필요도 없을 거야.

결국 질투란,
어제의 내가 오늘의 나에게 던지는 질문이야.
어제의 내가 오늘의 나에게 쏟아부은 질량이고,
어제의 내가 오늘의 나에게 항거하는 질책이야.

아이야.
질투를 너의 성장을 위한 강력한 질문으로,
내면의 에너지를 밀어 올리는 꽉 찬 질량으로,
스스로를 다잡는 따뜻한 질책으로
그러한 질투의 초고수가 되길 바래.

자, 마지막으로 너의 숨통을 확장시켜줄 시간이야.
큰 숨을 쉬어보자.

숨 막히지 않고 살아남기 위한, 사회생활 호흡법 4
- 가식, 너의 숨통을 키워줄 큰숨-

무대 위에 화려한 가면과 옷으로 치장한 인물이 등장해. 누군가는 노래를 너무 잘 부르고, 누군가는 웃음이 나올 정도로 노래를 못 불러. 그들은 가수는 아니야. 그런데 왜 그 무대 위에 섰을까? 그냥 노래를 불러보고 싶은 거야. 자신의 얼굴을 가린 채 말이야. 엄마는 '복면가왕'이라는 프로그램을 보며 이런 생각이 들었어. 무대 위의 주인공들이 가면을 벗으면 가면을 썼을 때와 똑같이 노래를 부를 수 있을까? 아마 쉽지 않을 거 같아.

가면이라는 도구를 통해 잠시 얼굴을 가리면 자기도 모르는 자신이 나올 수 있거든. 사회생활을 하면서도 비슷한 생각을 할 때가 있을 거야. 소위 '가식 좀 떨지 마'라는 말을 들을 때, 혹은 '가식 없이 말해줘'라는 이야기를 할 때 말이야.

과연 가면은 가식일까?
엄마는 아니라고 여겨. 가면은 그저 겉모습을 바꿔 잠시 다른 사람인 척하는 거야. 말 그대로 외적인 도구지. 하지만 가식은 달라. 가식은 내 마음을 다듬는 과정에서 나오는 거야. 타인을 배려하려는 마음에서, 타인에 대한 예의를 지키기 위한 노력이라고도 할 수 있지.

어쩌면 가식은,
내가 되고 싶은 모습을 향한 연습일지도 몰라.
괜찮지 않아도 '괜찮은 나'로 보이고 싶을 때,
용기가 없어도 '용기 있는 나'로 서고 싶을 때,
알지만 침묵해야 할 때,
아니지만 따라야 할 때,
여러 경우에서 '가식'은 나를 더 나은 방향으로 이끄는 힘이야.

가식의 반대어 '솔직'은 어떨까? 엄마는 솔직함이 언제나 옳지는 않은 것 같아. 어쩌면 '솔직'은 자의식 과잉상태일 수도 있어. 사회생활을 하다 보니 이렇게 말하는 사람들을 종종 만난단다. "나는 그렇게 가식적으로는 말 못해요. 있는 그대로 솔직하게 말할게요"라고. 이 말 자체가 문제는 아니지만 어떤 상황에 사용하느냐에 따라 선이 되기도 악이 되기도 하지. 타인이 원하지 않는 솔직함을 무기로 무례를 일삼는 무뢰한이 되지만 않으면 솔직은 항상 찬미대상이야. 문제는 솔직함을 무기로 삼는 이는 되지 않아야 한다는 것이야.

네가 속한 어느 조직에나 '가식'은 존재해. 단, 가식을 무기삼아 누군가에게 상처를 입힐 수도, 누군가에게 약을 발라줄 수도 있을 거야. 엄마는 네가 **솔직한 무뢰한보다는, 가식적인 젠틀맨**이 되길 바란단다. 그래서 엄마는 오늘 홀대받고 천대받는 '가식(假飾)'에 대해 말해보고 싶어.

'가식은 악덕이 덕에게 바치는 경의다[18].'

먼저, 가식에 대해 편견을 버려봐.
가식은 어색한 거리를 잇는 '가교(架橋)'가 되기도 하거든.
가식은 근사한 결과를 만들어주는 '가약(佳約)'이 될 수 있거든.

가식(假飾, 거짓 가, 꾸밀 식)은 말이나 행동 따위를 거짓으로 꾸미는 거잖아. 그 사람의 말이나 행동이 진실이 아니라는 말이지. 그래서 본심을 감추고 하는 가식적인 말과 행동은 옳지 않다고 해. 가식적인 사람이 되지 말고, 가식적인 사람을 멀리하라고 배우지.

하지만, 엄마는 네가 어릴 때 "하고 싶다고 모두 다 할 수는 없다"고 말하곤 했어. "너의 감정이 밉다고, 말도 밉게 해선 안 된다"고도, "약속을 했다면 하기 싫은 마음이어도 해야 한다"고도 말했어. 하고 싶은 마음, 미운 감정이 본심이고, 하기 싫은 마음이 진심이잖아. 그래도 할 수 없을 때도 있고, 예쁘게 대해야 할 때도 있고, 해야 할 때도 있잖아. 어른은, 사회생활은 더더욱 그럴 때가 많잖아. 그러면 우리는 하고 싶지 않은 척, 기분이 좋은 척, 기꺼이 약속을 지키는 척 해야만 하는데 그 모든 것이 가식일까?

---

18 잠언과 성찰, 라로슈푸코, 해누리기획, 2024.

'개인은 오직
공적인 세계 속에서만 자신을 다른 사람들에게 드러내고,
다른 사람들과 더불어 말하고 행동함으로써
자신의 정체성을 확립한다[19].'

그러니, 공적인 세계 속에서 **'가식'은 욕심에 대한 절제이고, 감정과 태도의 구분이고, 약속을 지키는 의지**야. 제 아무리 욕심껏 필요한 것이라 해도 절제해야 할 때가 있고 감정이 들끓는다 해도 참거나 폭발해야 할 때가 있고 '어쩔 수 없는' 경우라 해도 지켜내야 할 때가 있는 것이란다. 그때 너 자신을 외면하고 속이는 '가식'이 긍정의 힘이 될 거야. 그래서 '가식'은 반드시 버려야만 하는 행위는 아닌 것이지. 결국 **사회생활에서 가식은 '예의'**일 때가 많아. 모두가 다른 환경에서 다른 가치관과 성격으로 이해관계가 맺어져 있는 사회이기에 '척', '체'하는 가식은 조화와 통합을 위해 반드시 필요한 덕(德)이 된단다.

엄마 회사 이야기를 들어볼래? 공 팀장님은 솔직함의 대명사였지. 어찌나 솔직하고 투명한지 그 사람의 기분과 감정이 고스란히 드러났어. 소위 '필터'라는 게 없는 분이었어. 그가 중요하게 생각하는 사업의 담당자에게만 힘을 실어 줬고, 그가 중요하게 생각하지 않는 사업의 담당자는 소외시켰지. 그가 예민하고 화가 나는 날엔

---

19 The Human Condition, Hannah Arendt, University of Chicago Press, 1958.

팀원들 모두가 예민해진 채 그 화를 다 받아내야 했고, 그가 기분이 좋은 날은 팀원들 모두 안도의 한숨을 쉬며 가슴을 쓸어내렸지.

반면, 장 팀장님은 능구렁이처럼 가식적인 사람이었어. 국회에만 안 나갈 뿐, 정치인 같았지. 윗사람 비위는 기가 막히게 맞추고 아랫사람들에겐 좋은 리더인 척했거든. 팀원들의 말도 듣는 척만 했지. 그럼에도 불구하고, 그의 '가식'은 분명한 장점이었어. 그 가식을 지키려는 노력 덕에 쉽게 화내지 않았고, 쓴소리도 돌려서 말했고, 누구에게나 안부를 묻는 습관이 생겼지. 결과적으로 그의 태도는 사회생활에 마이너스가 아닌 플러스가 됐어. 물론 팀원들은 그가 가식적이란 걸 다 알아. 하지만 그의 진심엔 관심 없어. 결국 중요한 건 나를 어떤 태도로 대하느냐니까. 그 가식 덕분에 최소한의 예의는 지켜졌고, 팀 분위기도 겉으로는 원만했어. 그래서 그 팀은 결국 '우수팀' 평가까지 받아냈다!

사회생활에선 서로 불편하지 않으면서도 연결감을 유지할 수 있는 '적당한 거리'가 꼭 필요해. 엄마는 그 거리를 지키는 방식이 바로 '가식'이라고 여겨. 그 거리가 유지돼야 팀장과 팀원, 팀원끼리도 최소한의 예의를 지킬 수 있거든. 그래서 가식은 그 거리감을 지켜주는 **'가교'** 같은 역할이 되는 것이야.

우리가 무의식적으로, 혹은 '빈말'이라며 하는 말들 있잖아.

"굿모닝, 좋은 아침입니다", "수고하셨습니다, 주말 잘 보내세요."
와 같은.

솔직히 말해서, 우리가 항상 진심만을 말하는 건 아니야. 마음에 없는 말을 해야 할 때도 꽤 많아. 그게 바로 '가식'이야. 하지만 이 가식은 사회생활에서 예의야. 가식이 싫다고, 아무 말 없이 출근하고 퇴근하는 사람을 상상해봐. "와, 저 사람 정말 솔직하다"라고 생각하지는 않지? 또 누군가를 싫어한다고 해서 퇴근할 때 "주말에 고생 좀 더 하시길~"이라고 말한다면, 듣는 사람만 불쾌해질 뿐이야. **결국 사회생활에서의 가식은, 최소한의 예의를 유지하기 위한 장치**인 것이지.

'가교' 역할을 하는 가식의 긍정성을 이해했다면,
자기 자신과의 관계로 눈을 돌려보자.

영화배우 유해진 님이 이런 말을 했어. "굿모닝이라서 굿모닝 하는 게 아니고, 굿모닝하다 보니 굿모닝이 되더라." 가식적으로라도 내가 말은 뱉는 것은 나의 노력인 것이야. 엄마가 하루는 엘리베이터에서 선배 과장을 만나 "안녕하세요?"하고 인사를 했어. 그 선배가 뭐라고 했는지 아니? "아니, 난 안녕 못해."라고 하는 거야. 순간 너무 당황했지. 그 어색한 순간이란... 그런데 이런 일이 한두 번이 아니었어. 그 선배 과장은 항상 "안녕 못해"를 입에 달고 살았거든. 매일 한숨만 쉬고, "힘들어 죽겠다"는 말을 입버릇처럼 해. 혼잣말로 욕을 할 때도 있고. 정말 있는 그대로 솔직한 사람이지. 하지만 결과는 어땠을까? 그는 회사에서 기피 1순위 직원이 됐고, 하는 일마다 실수가 잦았어. 이 팀, 저 팀 가릴 것 없이 모두 그를 피해. 결국 한숨 쉬고 욕하는 그의 '솔직함'은, 그를 또 다시 한숨 쉬고 욕할 수밖에 없는 상황으로 이끄는 것이야.

> '모든 일은 본질로는 충분하지 않다.
> 외적인 방식이 본질 못지않게 중요하기 때문이다.
> 예의가 없으면 모든 일을 망칠 수 있으며
> 때는 이성과 정의도 소용이 없다. (중략)
> 일에는 그만큼 방식이 더 중요하다.
> 그 중 예의가 있으면 상대방의 호감을 얻을 수 있다.
> 좋은 행동은 인생의 기쁨이며
> 기분 좋은 태도로 어려움을 극복할 수 있다[20].'

세상의 원리는 생각하는 대로 되는 것이란다. 생각하는 대로 말과 행동이 나오지. 안될 것 같지만 된다고 믿고 가면 되는 경우가 아주 많지. '된다고 믿든 안 된다고 믿든 당신이 믿는 대로 될 것이다[21]'라는 말처럼 안 될 것 같지만 가식적으로 말하고 행동하

---

20 아주 세속적인 지혜, 발타자르라시안, 페이지2북스, 2023.
21 세계 최초로 자동차 대량생산에 성공한 핸리포드의 명언.

면 그렇게 되는 거야. 가식에는 이런 무서운 힘이 있어. 정말 그렇게 되어버리는 힘.

그러니, 네가 원하는 것이 있다면 한번 가식적이 되어보렴. 짐짓 그런 척, 연기하는거야. 성공하고 싶다면 성공한 사람의 걸음걸이도 닮으라는 것처럼 남은 물론, 스스로도 속을 만큼 믿어 봐. 믿음에는 '가식'이 정말 중요한 양분이야. 저 팀장, 저 과장 꼴도 보기 싫어도 청룡영화상에 노미네이트된 명배우의 기분으로 "어머~ 안녕하세요!"하는 거야. 아무리 어제 친구와 싸웠더라도 출근하면 밝게 입꼬리를 올리고 가식 떨어보는 거지. "좋은 아침이네요! 굿모닝입니다!"라고. 굿모닝이든 배드모닝이든 솔직히 상관없어. 우선 네가 안녕한 게 중요한 것이거든. 안녕하면 안녕해져. 제 아무리 기분이 나쁜 일이 있어도 개그맨들은 남을 웃겨야 하잖아. 진심으로 말이야. 그런 가식은 정말 삶의 소중한 것을 지킬 수 있는 힘이 된단다.

이런 **'가식의 자아실현성!'** 꽤 괜찮은 기능 아니니? "나는 괜찮아", "나는 용기가 있어", "나는 꼭 해내는 사람이야", "내 꿈은 이뤄져." 이런 셀프 가스라이팅도 결국 하나의 시작이야. 지금 당장은 괜찮지 않아도, 용기가 부족하고 포기하고 싶어도, 그런 사람인 척해보는 거야. 애써 흉내라도 내보는 거지. 그러다 보면, 십분 전보다 개미 똥만큼이라도 나아진 자신을 발견하게 돼. 내 안의 용기가 1그램에서 2그램쯤 불어나고 '포기할래'를 하루 열 번 말하다가도 한두 번은 삼킬 수 있게 돼. 꿈은 자다가만 꾸는 건줄 알았는데 "꿈이 현실이 된다"라고 말하는 순간 양심이 아파오고, 결국 "엄마도 꿈을 잊지 않을게"라는 말이 입 밖으로 튀어나오게 되는 것이야.

그렇게 가식은 '**가약(佳約)**'이 돼.
스스로에게 거는 아름답고 가치 있는 약속.
순도 100%의 가식이 현실의 노력을 통해 진짜가 되어가는 마법이 되지.

'가식'은 타인과의 적정한 거리를 유지시켜 주는 '가교'이자
자기 자신에게 거는 '가약'이 되어줄 거야.

그래서 누군가를 해하려는 마음이나 누군가를 속여서 남의 것을 뺏으려는 그런 마음이 아니라면 '가식'은 오히려 응원받을만한 '가치 있는 의식'이 아닐까?

지금까지 엄마가 말한 네 가지 호흡법.
네 숨통을 조금 더 편하게 터줄 방법이 되었을까? 엄마는 이렇게 생각해. 대부분의 사람들이 부정적으로만 생각하는 네 가지. 귀찮음, 눈치, 질투, 가식. 이 감정과 의식 모두 긍정적인 기능이 있다고. 너 자신에게도, 너와 관계된 모든 사람과 상황들에게도. 그걸 네가 인지하고, 의식한다면 이 모두는 너의 숨통을 크게 확장시켜 줄 거야.

귀찮음은 너에게 시작을 알려주는 귀뜸이,
눈치는 너의 실현 가능성을 가늠하는 눈금이,
질투는 어제의 네가 오늘의 너에게 던지는 중요한 질문이,
가식은 사회적 예의를 잇는 가교이자 너의 가능성을 키워주는 가약이 되어 줄 거야.

네가 사회생활을 하며 겪게 될 모든 감정과 의식들을 네게 찾아오는 귀한 손님으로 대하고, 네게 이로운 도구들로 사용할 수 있길 바란다.

상을 대하는 자세

아이야,
약상이 주무시는 부모님 머리맡에 있거든
물을 떠놓고 호흡을 살펴라
행상 나선 이웃 할머니께 상추를 사거든
쌈짓돈 채워드려라

아이야,
혹 노상에서 언쟁을 만나거든
겸손하게 돌아보아
새롭게 존엄하고 귀한 존재가 되어라

아이야,
동상이 있는 거리를 지나거든
잠시 인물의 삶을 기억하고 그 정신을 기려라
감상하는 자연이 감동되면 창조주께 감사해라

아이야,
일상의 도리는 천상의 마음이니
가볍게 여기지 말고 실천해라

어느 날
보상을 뛰어넘는 큰 상이 너에게
안길 터이니

우주의 핵은 네 안에 있단다

엄마는 우리 아들이 왜 배우는 걸 싫어할까에 대해 생각하다가 아주 통쾌한 반전을 만났어. 넌 배우는 걸 싫어하는 게 아니었어! 오히려 엄마보다 더 좋아하는 녀석이었어!
이럴 수가 없다고 여겼지만!
사실이었어!

엄마는 너무 나만의 인식에 갇혀서 '배움=공부'라고 여겼나 봐. 그런데 정말 중요한 것은 **'아는 것'**이 아니라 **'사는 것'**이잖아. 너는 일상에서 일과 사람을 만나 삶을 터득하고 네가 좋아하는 걸 찾고 열정을 부어 스스로 성장시키고 있었더라. 비로소 엄마는 진짜 배움이란 것은 '삶'으로 직결되어야 하는 걸 알게 되었어.

엄마는 요즘 인생 학교의 신입생이 된 것처럼 매일 책 속 성현들로부터 삶을 배우고 있어. 매일 새벽 4시 반에 일어나 책을 읽는 것은 엄마에게도 큰 도전이었어. 그런데 책을 읽고 글벗들과 사유를 나누는 시간이 설레고 재미있어 저절로 눈이 떠져. 책 속의 귀한 구절을 엄마의 삶에 들여 새로운 삶의 페이지를 만들어 가는 것도 재미있고. 눈앞의 것만 잘 보이게 하는 돋보기가 아니라 엄마를 품고 있는 우주까지 보이는 망원경으로 바꿔 볼 수 있게 하는 신기한 시간이야.

'배우다'의 어원[1] 은 '배다'에서 유래됐어.
'뱃속에 생명을 잉태한' 것이지.
그러니까, 배운다는 것은
꿈을 가지고,
뜻을 세우고,
앎을 들이고,
네 속에, 네 삶을, 네 뜻으로 창조할 힘을 키우는 것이야.

어쩌면 우리는 소크라테스[2]의 말처럼 이미 태어날 때 모든 능력을 가지고 태어났지만 새로운 환경에 노출되면서 그 능력이 휴면 상태에 빠졌는지 몰라. 그래서 많은 것들을 잊고, 잃고 살아온 것

---

1 구글 AI 개요 : '배우다'는 "배다" 라는 동사에 사동 접미사 "-우" 가 결합된 형태이다.
2 소크라테스는 인간이 학습을 통해 무언가를 새로 배우는 것이 아니라, 이미 알고 있는 진리를 '기억해내는' 것이라는 상기설을 주장했다.

일 수도 있어. 엄마가 이렇게 책을 읽으며 가슴이 뜨거워지고 심장이 뛰는 것도 엄마의 본성에 내재한 것들이 **'기억'**으로 떠올려지기 때문일 거야.

아이야, 이미 넌 모든 것을 배운 채 태어났단다. 어른들에게 아이와 같이 순수하라고 하잖아. 니체도 '정신의 성숙 단계[3]'를 거론하면서 가장 마지막 최고의 단계에서 아이를 얘기하잖니. 하지만 우리가 살아가면서 수많은 환경 변수로 순수성을 잃어가고 그러다가 상기하지 못할 뿐이야. 우리 인간은 모든 동물 가운데 '상기'가 필요한 유일한 동물일지 몰라. 또는 너무 상기시킬 게 많도록 진화되었든지.

이 자연에서 태어나자마자 스스로 살아가지 못하는 동물은 인간이 유일하지 않을까? 스스로 말하지 못하고, 스스로 걷지 못하고, 스스로 먹지 못하잖아. 모든 동물은 '상기'할 필요가 없어서 '상기' 기능이 없어졌나 봐. 하지만 인간만이 유일하게 너무 복잡한 성장 과정 때문에 '상기'가 필요한가 봐.

이 편지를 쓰는 동안 너는 입대했고, 예상하지 못했던 일이 일어났어. 스마트폰 사용이 금지된 적응 기간에 너는 무료함을 달래기 위해 책을 읽기 시작했고, 그 후로도 꾸준히 책을 읽으며 기록

---

3 니체는 정신의 성숙 단계를 낙타, 사자, 어린아이 3단계로 표현했다.

을 남긴다고 했지. 책과 거리를 두던 너의 변화가 정말 놀라웠어. 아마 네 안에 잠들어 있던 책을 좋아하는 본성이 이제야 깨어난 것이 아닐까? 매일 책을 읽고 글을 쓰며 스스로 성장하는 너를 보며 비로소 엄마는 **진짜 배움이란 스스로일 때 빛을 발한다**는 걸 알게 됐어.

네가 우연히 읽은 책 한 권으로 독서에 빠져든 것처럼.
아가 거북이 몸속에 각인된 바다를 향한 집념으로
천적들을 피해 바다로 향하는 본능처럼.
아가 원앙이 태어난 지 하루 만에 채 마르지도 않은 날개로
엄마가 부르는 저 수직 절벽 아래로 낙하하는 것처럼.

진정한 배움의 근원은 자기본능을 믿는 것부터야.

힙합. 네가 군대에 가기 전 꼭 하고 싶은 것이 있다고, 오랫동안 맘속에 품고 있는 뜻이라고. 엄마는 앞서 말했지만 '배움=공부'라고 생각했었잖아. 힙합은 전혀 상상하지도 못한 경우의 수였어. 하지만 넌 아르바이트로 번 돈을 모두 털어 작업실을 대여하고 녹음장비를 사서는 넉 달 동안 하루도 빠짐없이 곡을 만드는데 몰두하더라. 어떤 날은 12시간 동안 곡 작업을 하기도 했어. 그리고는 마침내 H 대학 근처 작은 공연장에서 두 번이나 공연을 했잖아. 그리고 입대 하루 전에 S 클라우드에 올린 너의 음악을 듣고 미국에

서 연락이 오는 신기한 일도 일어났어.

넌 진정한 배움을 아는 아이였어. 배움이란 외부로부터의 섭취도 있지만 진정한 내면의 것을 발산하는 것부터여야 하거든. 우리 내면의 거인을 깨우면 큰 파동과 에너지로 우리를 나아가게 하지.

진정한 배움이란
우리 안에서 무엇을 발견하고
그것을 깨워서 스스로 일을 하게 만드는 것이었어.

네가 발견한 너의 가능성은 너의 간절함과 근성을 믿고 아마도 네 안에서 더 크게 멀리 나아갈 준비를 할 거야. 진정한 배움은 자신의 가치를 발견하는 것부터 시작된단다. '자신의 가치를 발견한 물길이 어찌 바다를 발견[4]'하지 못하겠니?

바다로 향하는 우리 마음 한쪽에는 조용히 자족하는 잔잔한 물길이 있고 다른 한쪽에는 돌진하려는 거센 물길이 있어. 잔잔한 물길보다 돌진의 물길의 힘이 세질 때 우리는 깨어나 바다로 가는 길을 발견하지. 바다로 가는 길을 발견했다면 새끼거북처럼 묵묵히, 원앙처럼 용기 있게 자신을 던져보자.

---

4 차라투스트라는 이렇게 말했다, 프리드리히니체, 청하, 1984.

'어떤 선생이 당신에게 해줄 수 있는 가장 큰 역할은
당신이 당신 안에 잠들어 있는 그 천재를 깨우고
어떤 가치 있는 일을 이루도록
그 천재에게 야망을 불어넣게 하는 것이다.
당신에게 도움이 될 것은 어떤 교육이나 학교 교육을
머릿속에 집어넣느냐가 아니라
당신 안에서 무엇이 깨어나서 일에 착수하느냐 하는 것이다[5].'

너는 이곳저곳에서 아르바이트를 할 때 많은 것을 배웠어. 음식점에선 키오스크에 서툰 어른들을 직접 도왔고 일하는 곳의 어른에게는 예의 바르고 친근하게 먼저 다가갔어. 우리 가족끼리 밥 먹을 때도 넌 핸드폰을 보지 않아. 아르바이트하면서 보았던 가족들이 식사를 하며 각자 핸드폰 보는 모습이 싫었다며 너는 살뜰하게 엄마에게 대화를 건네지. 사회에서 사교의 질, 관계의 질, 미덕의 질을 그대로 배워 터득하고 삶으로 이어갔어.

너는 사람으로부터, 사회로부터, 세상으로부터 무엇을 배워야 할지를 아는 아이였어. 소소한 행위 하나에서 가치를 깨치고 남들이 소홀하게 지나칠 수 있는 상황에서 태도를 배웠어. '젊은이들이 지금 당장 삶을 실제로 경험해 보는 것 이상으로 삶에 대해 확

---

5 황금률, 나폴레온힐, 비즈니스맵, 2009.

실히 배울 수 있는 방법이 있는가[6]'라는 소로우의 말처럼 너는 여러 일을 하고 여러 사람을 만나며 많은 것을 배우며 변화되어 갔어. 우연히 읽은 책 한 권에서 너에게 잠재된 변화의 욕구를 감지하고 곧바로 실행에 옮기는 건 변화의 시작이야. 변화의 욕망이 커지는 만큼 배움의 열정도 강해지고 열정만큼의 노력이 더해질 때 변화는 가속도가 붙어. 매일 정해진 시간에 책을 읽고 글을 쓰고 있으니 곧 네 안의 변화는 네 행동의 변화로, 나아가 삶의 변화로 나타날 거야.

'지력에 따라 세계는 무의미하고 고통스러운 것이 되기도 하고 상당한 의미를 지닌 즐거운 것이 되기도 한다. 꾸준한 배움으로 이해력과 사고력을 가진 사람에게는 그토록 아름답게 느껴지는 일도 평범한 두뇌를 가진 사람에게는 평범한 일[7]'이 되기도 한단다.

이렇게 네 안은 온통 배움으로 비워지고 또 다른 배움으로 채워지는, 그렇게 살을 붙이고 깎고 다듬어 만들어내는 너만의 주체성이 있단다. **진정한 배움은 우리 안의 무엇을 깨워서 경험하고 다듬어가며 자신을 변화시키는 것이야.** '배움'이란 자기 안에 잉태된, 그것을 발견하여 너만의 씨앗을 발아시킬 수 있는 때를 알고 네가 살아갈 모든 순간순간에 꼭 필요한 양분으로 만들어내는 것이야.

---

6 구도자에게 보낸 편지, 헨리데이빗소로우, 오래된 미래, 2005.
7 인생론, 쇼펜하우어, 육문사, 2012.

그리고 드디어!

진.화.

이 단어의 어원은 '밖으로 열어간다, 펼친다'야.

배움으로 품은 씨앗이 발아하여 싹으로, 잎으로, 꽃으로 세상에 드러나는 것이 진화야.

곧 배움은 진화를 위함이고 진화는 배움으로부터지. 엄마는 철학을 배우면서 지금 변화하고 진화하는 걸 느끼는데 넌 음악이라는, 그것도 힙합이라는 장르를 20대에 발견했구나. 네 안에서 꿈틀거리는 힙합 소울을 발견하고 밖으로 펼칠 준비를 할 때 얼마나 설렜을까. 다른 친구와 공동작업을 하고 공연까지 이어지는 진화의 과정. 뭐든 배워봐. 뭐든 시도해 봐. 그러면 배움의 수준이 높아지고 깊이가 깊어져. 그 속에서 꿈은 계속 움직여. 그렇게 너만의 창조가 일어나. 너만의 창조는 진화를 부르고 진화의 폭이 커질수록 너의 꿈과 가까워져. 배움이 진화가 되어 꿈과 가까워지는 과정은 네가 삶에서 길을 잃지 않게 도울 거야.

충실히 현재를 살며 꿈꾸는 미래를 배움으로 삶에 반영하고 또 삶이 배움에 반영될 때 이루어지는 진정한 진화! 지식은 앎으로 끝날 때보다 삶에서 실현되고 적용될 때 더 아름답게 빛나잖아. 책을 읽고 얻은 지혜를 사람과의 관계에, 일을 처리하는 과정에 적용하는 것처럼 말이야.

즉, 배움은 너의 재산이야. 진정한 재산은 '소유가 아닌 향유[8]'야. '삶을 위한 명시적 지식을 알고, 그것을 행하는 실천적 지식이 병행되어야 초월적인 지혜[9]'를 얻게 되는 것이란다. 네가 삶에서 배우고 행할 때 간디의 말을 기억하면 좋겠구나.

> '당신의 믿음은 곧 당신의 생각이 되고
> 당신의 생각은 곧 당신의 말이 되고
> 당신의 말은 곧 당신의 행동이 되고
> 당신의 행동은 곧 당신의 습관이 되고
> 당신의 습관은 곧 당신의 운명이 된다.'

너의 꿈이 믿음이 될 때 너는 생각하고 말하고 행동하여 습관을 만들고 진화하여 네 운명의 개척자가 되는 것이란다. '꿈은 꿀수록 커지고 하나의 꿈은 또 다른 꿈을 견인한단다[10].' 그렇게 진화는 또 다른 진화를 불러오지.

작고 젖은 날개로 엄마 소리만을 따라 절벽 아래로 뛰는 아가 새. 엄마 없이 망망대해, 오로지 묵묵히 바다로만 향하는 아가 거북. 엄마 품을 떠나 일터 곳곳에서 원하는 목표를 향해 자신을 깨뜨려온 어린 너.

---

8 구도자에게 보낸 편지, 헨리데이빗소로우, 오래된미래, 2005.
9 엄마의 유산, 김주원, 건율원, 2024.
10 엄마의 유산, 김주원, 건율원, 2024.

'자신을 뛰어넘어 미지의 세계로 뛰어든 사람에겐 오로지 단 하나의 의무만이 부여된다. 자기 자신을 찾고, 자기 안에서 확고[11]'해지고. 어디를 가든 자유로이 자신의 정신적 성장의 길로 전진하는 것. 바로 그렇게 자기 길을 찾아 앞으로 나아가는 것이 진정한 배움의 실천이란다.

너만의 씨앗을 심어
너만의 열매를 맺어
너만의 꿈을 이루는
이러한 진화의 양분이 배움으로 얻어지지.

결국 네 안의 싹은 배움으로, 배움은 변화로, 변화는 진화로 이어가라. 너나 아가새나 아가 거북 모두 본능에 내재되어 있는 씨앗으로 꿈을 발현시킬 거야. 그래서 각자의 다채로운 배움이, 추구가 전체의 조화로 이뤄지는 것이지. 결국, 네 안의 싹은 전체의 조화를 위한 것이야.

자기 자신을 찾는 자기발견과
자기 자신을 심는 자기배양과
자기 자신을 믿는 자기신뢰와
자기 자신을 이끄는 자기진화와

---

11 데미안, 헤르만헤세, 민음사, 2009.

자기 자신을 세우는 자기존재의 의식적 진보,
이 모든 과정이 배움이란다!

아이야, 엄마는 매일 철학책을 읽는 학생으로, 학교에 출근하는 교사로 학생과 교사 모두의 삶을 살지. 하루를 배움으로 보내다 보니 배움이 엄마 삶의 일부가 되었어. 배움은 '하루의 질을 높이는 가장 위대한 예술[12]'이야. 배움은 학교에서만 일어나는 것이 아니라 삶의 모든 순간에서 발견되는 예술이란다. 삶의 궤적에서 배움이 주는 선물은 정말 귀하고 값져. 배움이 주는 선물이 무엇인지 배움을 왜 평생 친구로 가져가야 하는지 한 글자로 만들어봤어.

배움은 축, 맥, 결, 힘, 핵이야.

먼저 배움은 축이야.
네 삶의 든든한 축으로 너를 받쳐주지. 배움은 네 삶의 중심이자 기준이란다. 어떤 사물이 중심 없이 서 있을 수 있겠니? 심지어 둥근 원도 중심이 있으니 선단다. 삶도 마찬가지야. 지구의 축은 23.5도로 기울어져 있지. 이 자전축 덕에 둥근 지구 안의 모든 것에 햇빛이 골고루 분사되듯 너의 삶의 축도 네 삶에 드리울 어둠에까지 빛을 보내줄 수 있을 거야. 또한 각도에 따라 네가 관계를, 일의 성취를, 때론 혼자만의 고독을 즐길 수 있도록 너를 조절시

---
[12] 구도자에게 보낸 편지, 헨리데이빗소로우, 오래된 미래, 2005.

켜줄 거야. 축이 있다면 기울더라도 넘어지지 않아. 축을 중심으로 네 심장의, 정신의, 나아가 영혼의 각도를 조절하렴.

둘째, 배움은 맥이야.
배움은 네 인생 전체를 길고 넓고 단단하게 이어주는 맥이 될 거야. 산맥이 산의 흐름, 수맥이 물의 흐름, 혈맥이 피의 흐름인 것처럼 배움은 삶의 길에서 네가 정체되지 않고 계속 흐르게 하는 삶의 맥이야. 단순한 앎을 지혜로, 경직된 인식을 의식으로, 닫힌 마음을 열린 마음으로 변화시키고 과거와 현재의 삶을 연결시키는 하나의 커다란 물줄기로 흐르게 해. 학교에서 가정에서 사회에서 배운 작은 물방울들이 혹 마르고 버려지고 혼탁해질지언정 하나도 버려지지 않고 그 물줄기를 따라 네 삶에서 자체적으로 정화되어 흐르게 된단다. 그렇게 미래에 경험하게 될 수많은 경험들이 또 쌓이면서 그 물줄기는 더 힘차고 강인하게 네 삶의 맥이 되어 줄 거야.

셋째, 배움은 결이야.
네 삶의 결을 만들지. 배움은 네 삶을 온전하면서도 독특한 너만의 결을 만들어 줄 거야. 천의 짜임과 방향에 따라 독특한 결이 만들어지는 것처럼 배움은 네 삶의 짜임과 방향을 결정해 너만의 결을 만들어준단다. 사람과 사람, 일과 일이 씨실과 날실로 교차되는 삶의 순간에 충실한 삶의 태도를 가지게 해줄 거야. 삶의 방향이 선하고 가치 있는 것으로 향하게 해주며 그렇게 짜여진 삶의 태도와 삶의 방향은 너의 정체성이 되는 거란다. 결국, 정체성은 배움의 결이야. 너의 결대로 결이 비슷한 벗들이 모인단다.

넷째, 배움은 힘이야.
배운 만큼 힘을 갖게 돼.
너를 세상에 당당하게 서게 하는 중력과
네 세계를 바깥으로 확장 시킬 원심력과
네 삶을 바람직하게 이끌 수 있는 추진력과
선한 것을 끌어당기고 악한 것을 밀어내는 자기력과
상황을 파악하고 받아들이는 이해력과
주변 사람에게 좋은 영향을 미치는 영향력과
상황에 맞게 너를 조절하는 탄성력과
삶의 중심에 파고드는 집중력과
사람을 끌어당기는 매력을 가지게 한단다.

다섯째, 배움은 핵이야.
네 삶의 중심인 핵이 되어 너를 지탱하지. 우리 몸이 유전정보를 저장한 핵으로부터 세포를 만들고 세포분열을 거쳐 성장하고 진화해 나가는 것처럼 배움은 네 정신의 핵이 되어 삶의 골수를 만들어 줄 것야. 배움의 정수가 온전한 핵으로 자리잡힐 때 네 꿈은 현실이 된단다.

'우주정신의 핵은 자신의 내면에 있다.
실은 자기 자신이다.
그것을 자각하기 시작하면 여러 가지 변화가 일어난다[13].'

배움은
든든한 축이 되어 네 삶의 기둥을 건설케 하고
단단하고 길고 넓은 맥이 되어 네 삶의 여정을 이어주고
독특하고 순조로운 결이 되어 네 삶의 동반자를 조우시키고
강인하면서도 비범한 힘이 되어 결코 소모되지 않는
에너지의 원천이 된단다.

그렇게 삶의 강력한 핵으로서 네 삶의 당당한 주인으로 너의 반석 위에 너를 세울 거야.

아이야,
너는 '하나의 세계'야.
배움은 네 세계를 건설시킬 모든 재료의 총체야.
모든 것에서, 모두에게서 배우렴...

---

[13] 마음 먹은대로 된다, 찰스F해낼, 뜻이 있는 사람들, 2019.

누구나 '공감'하지만
제대로 알지 못하는 '공감'의 비밀

아이야, 지금 우리 사회는 '19세기 학교에서, 20세기 사람들이, 21세기 학생을 가르치고 있다'는 말이 여실히 드러나고 있어. 그만큼 지금의 어른들이 과거의 낡은 방식으로 너희들을 키우고 있다는 말이 되겠지? 고민되는 엄마는 평생 새로운 지식을 배워야만 살아남을 수 있는 이 4차 산업혁명 시대에 네게 꼭 필요한 능력을 어떻게든 알려주고 싶어. 다니엘 핑크의 저서 '새로운 미래가 온다[1]'에서는 미래인재의 6가지 조건으로 스토리, 디자인, 놀이, 공감, 의미, 조화를 중요하게 강조했단다.

얼마 전 엄마의 지인이 엄마에게 주머니를 탈탈 털어보라고 하셨어. '주머니에 뭐가 있는데?' 했더니 '남들에게 없는 탁월한 게 있

---

[1] 새로운 미래가 온다, 다니엘핑크, 한국경제신문사, 2012.

다'고 하면서 엄마가 가진 '온화함'이 부럽다고. '별로 특별하지 않은 평범함이 전체를 특별하게 한다'고. '사람들의 날카로운 모서리를 엄마의 온화함으로 부드럽게 만든다'고 하시니 몸 둘 바를 모르겠더라고. 엄마가 가진 다정함, 친절함, 특히 모든 사람을 공감해 주는 힘은 현대사회에서 점점 사라져가는 인간의 자원이라면서 21세기에 꼭 남겨야 할 천연기념물이라고도 하셨어. 요즘엔 이런 사람 드물다고.

그러니까 엄마가 네게 온전히 전해줄 유산은 바로 '온화함과 포용력', 한마디로 **공감력**인 것 같아. 다니엘 핑크가 미래 사회의 인재로 거론했고, 또 엄마의 공감력이 누군가에겐 천연기념물처럼 귀하게 보인다고 하니 너에게 꼭 전하고 싶어. 얘기하자니 민망하고 적나라한 엄마 자랑 같지만 그래도 인생에서 꼭 필요한 것이니 부끄럽지만 용기 내어 이야기해 볼게. 그리고 참, 우연인지 모르겠는데 엄마 이름, '화정'의 '화(和)'는 화목하다는 뜻이야. 모두의 마음을 정겹게 이어주는 씨앗은 이미 엄마에게 심겨 있었나 봐.

'공감'이 왜 이 시대의 천연기념물처럼 귀할까?

공감은 3차 산업혁명 시대, 노동을 대변하는 남성성에서 벗어나 여성성을 기반으로 하는 개념이야. '여성성'은 생물학적인 의미가 아니라 섬세함, 다정함, 포근함, 민감성과 같이 여성이 가진 특성을 말하는 거야. 4차 산업혁명 시대인 지금은 더 민감하고 더 날카롭고 더 특별하게 초(hyper)를 앞에 붙여 초집중, 초예측, 초민감과 같이 더 초월된 능력을 요구한단다. 그래서 '공감'은 귀한 능력이야. 사람, 사물, 사태. 인간이 맺는 모든 관계를 머리만이 아닌 가슴, 나아가 온몸으로 함께(공,共) 느껴야(감,感) 하니까. 이런 초(hyper) 시대에 공감력이 없으면 모래 위에 집을 지은 꼴이거나 한집에 있는 방과 방 사이가 서로 막힌 것과 같단다.

'지구촌'이라는 단어는 많이 들어봤을 거야. 현대사회는 전 세계가 하나로 연결된 글로벌(global)시대야. 엄마가 집에서 듣는 소식을 전 세계 모두가 동시에 접하지. 공유가 초고속인 시대에 우리는 함께 비슷한 것들을 알게 돼. 그러니 공감이 중요하지. 네가 먹고 맛있게 느낀 음식을 엄마가 먹고 맛있게 느끼면 어떠니? 공유하니까 공감되지. 단순한 먹거리도 이런데 글로벌한 이 시대에, 함께 하는 것이 많고 다양해질수록 공감은 더 필요하지 않겠니? 공유하지 못하면 공감되지 못해. 무엇보다 '함께'의 의미를 아는 자여야 공감력을 지닐 수 있는 것이야.

공유되면 공감되고 공감되면 공명하고 그렇게 다음에도 함께 '공존'하게 돼. 같은 꽃을 보고(공유) 함께 아름다움을 느끼고(공감) 그 마음이 서로 통해(공명) 서로의 뜻과 감성으로 관계가 깊어지지(공존). 사람이 서로 무언가를 공유했다는 전제에서 공감이 공명으로, 그렇게 공존해 나가는 것이란다.

그래서, 지구촌 시대의 공존을 위해 공감은 필수능력이야.
'삶의 먼 여정을 끝까지 함께 할 수 있는 사람은 아무도 없다[2].'는 말처럼 물론, 인간은 본래의 고독성으로 내부로는 홀로, 외부로는 함께일 수밖에 없지. 인간은 사회적 동물이니까. 더군다나 지금의 사회는 모든 것이 온라인으로 연결되다 보니 사람들은 더욱 공감에 굶주린 것 같아. 각종 커뮤니티를 만들고 서로 소속되려는 문화가 확산하는 것을 보면 알 수 있잖니. 같은 목표를 향해 구성된 커뮤니티에서 서로를 이해하며 개개인은 개개의 집단에서 공감받고 인정받길 원해. 군생 동물(compound animals)처럼 말이야. 그래서 '공감'은 이 시대에 꼭 필요한 귀한 능력이야.

공감이 깊으면 다른 이와 함께 하는 일에 탁월한 능력을 발휘할 수 있어. 뛰어난 재능이 있거나 남들보다 더 부지런한 자세도 물론 중요하지만, 사람이 모인 곳엔 '관계'의 함수가 반드시 존재해. 이 함수를 풀지 못하면 재능과 근면 성실함은 가치를 발휘하기 어렵지. 결국, 다양한 사람들을 포용하고 온화하게 감싸주며 감성으로 공감할 수 있다면 여러 요소를 잘 배합시키는 힘이 생겨. 지인들이 엄마에게 알려준 탁월함이 **온화함**과 **포용력**이라고 했는데 그것이 **공감**을 깊게 하는 바탕이 되는 것 같아.

---

[2] 구도자에게 보낸 편지, 헨리데이빗소로우, 오래된 미래, 2005.

온화함이라...

엄마가 지금 『엄마의 유산』 공저 작업을 하면서 진정한 온화와 포용이 뭔지를 더 새롭게 알게 되었어. 사람들은 항상 따뜻함을 원해. 특히 함께 하는 작업이나 함께 하는 사람들에게서. 시간이든 공간이든 정신이든 물질이든 모이면 따뜻해져. 서로의 에너지가 전해지니까. 열정과 열기도 결국엔 따뜻하다 못해 뜨거워진 것이잖아. 함께일 때 이 열기는 더해지지. 지금 엄마가 함께 읽고 쓰는 모임도 그렇게 엄청난 열기로 뜨거워졌단다. 왜 사람들은 감정을 말할 때 온도를 입에 올릴까? 서로 감정을 나누면 따뜻함이 배가 된다는 의미겠지. 따뜻함을 나누기 위해 서로의 손을 잡고 볼을 비비잖아. 서로 너무 반가우면 얼싸안고 뛰잖아. 그렇게 서로를 부대끼면서 따뜻함을 주고받아.

하지만 선(線)이 필요해. 너무 뜨거우면 식혀야 해. 감정의 열기가 너무 뜨거우면 정신이 녹아내릴 수 있어. 이성은 차가워야 하는데 너무 뜨거운 감정의 열기는 올바른 판단을 할 수 없지. 그러니 온화함은 뜨거움이 아니라 따뜻함이어야 해. 인간을 데이게 하지 않는 따뜻함. 결국, **온화함이란 어떤 선을 지키며 뜨겁게 타오르다가 차갑게 식힐 줄도 아는 감성**이야.

이를 위해 포용력이 필요한 것인데, 포용(包容)은 포(包)로 얼굴(容)을 덮어주는 것이거든. 감싸안는 능력이지. 얼굴은 그 사람의 전체지. 얼굴에 표정이 있고 표정은 심상(心狀)이니까. 곱든 밉든, 이쁘든 못났든, 걱정이 가득하든 환희가 가득하든, 모든 것을 포에 싸듯 안아주는 거야. 자기 기호에 따라 싫다고, 나쁘다고 배척하고 거부하고 일부분만 싸안는 것이 아니라 모두를 안는 감성. 아기를 포에 싸안듯 그저 표정 이면의 마음을 안아주는 감성.

하지만, 세네카는 '우정을 맺은 뒤에는 둘 사이에 신뢰를 두어야 하며, 그것은 맺기 전에 판단을 내려야 한다[3]'라고 엄마에게 가르쳐줬어. 스캇펙 박사도 '지각 있게 사랑하라[4]'고 알려줬고.

온화함에 선이 있듯 포용도 마찬가지란다. 무조건 모두를 안아줄 수는 없어. 내 성격과 기호를 넘어서 전체에 이로운 사람이라면 그 사람의 모양과 환경이 어떻든, 내 스타일이든 아니든 안아줘야 해. 하지만 내 성격과 잘 맞지만, 전체를 위해 해가 된다면 안아주면 안 되지. 그럼 배척하라고? 아냐. 조용히 깊이 대화하고 안아줄 수 없는 이유를 말해줘야지. 그렇게 전체에 융화되도록 이끌어야지. 그것이 포용이야. **포용도 포용해야 할 때와 그러지 말아야 할 때가 있는 것이란다.** 너무 잘 지내다가 어느 날 내게 냉랭하게 구는 사람이 있었어. 그럼, 무조건 이해하고 다 받아줘야 할까? 아니야. **지각 있는 포용**이란 '이해'와 '배려'가 전제되어야

---

3 삶의 지혜를 위한 편지, 세네카, 동서문화사, 2016.
4 아직도 가야 할 길, 스캇펙, 율리시즈, 2023.

해. 엄마의 실수나 잘못이 제아무리 자신을 못마땅하게 했더라도 대화 없이 그렇게 엄마에게 냉랭하게 굴면 안 되지. 여기서 포용은 진실한 대화부터 나누는 것이야. 엄마 기분? 안 좋았지. 그래도 그 냉랭한 기운을 해소하기 위해 무조건 포용하는 것을 미루고 대화의 기회를 만드는 것부터 시작했어. 더 깊고 오래 포용하기 위해서 말이야.

**이렇게 모두를 안아주는 포용으로
차갑지도 뜨겁지도 않은 온화가 전제**된다면
너의 공감력은 무조건 깊어져.

그런데 최근 들어 엄마가 깊이 공감하고 싶고 또 엄마도 깊이 공감되길 바라는 사람이 있어. '두려움을 아는 자, 두려움을 제어하는 자, 긍지를 갖고 독수리의 눈으로 심연을 바라보는 용기 있는 자[5]'야. 두려움은 '거대한 위협과 거대한 희망이 하늘에서[6]' 맴돌 때 생기는 감정이잖아. 너무 원하는데 너무 두려운, 엄마도 이런 감정은 처음인데 지금까지 평범하기만 했던 엄마가 이번 공저 작업을 통해 알게 됐단다. 한계의 두려움 앞에서도 멈추지 않는 작가들, 두렵지만 두려움을 당연하게 여기고 한 발 더 내디딘 작가들, 위협과 희망이 맴도는 하늘 위에서 독수리의 넓고 높은 시

---

5 차라투스트라는 이렇게 말했다, 프리드리히니체, 민음사, 2004.
6 영혼의 자서전, 니코스카잔차키스, 열린책들, 2008.

야로 미래를 보고 날카롭게 현실을 이겨내는 작가들을 보면서 그들이 어떤 실수를 해도, 어떤 갈등이 생겨도 다 공감되어 포용하고 싶더구나. 이해하면서 안아주고 싶고 따뜻하게 데워 주고 싶고 그들의 마음이 아플 때 엄마도 아프고 그들이 기쁠 때 함께 기쁘더라고. 그래서, 엄마도 그들과 공감을 더 깊게 나누고 싶어졌어.

공감이란, 함께 하는 작업에서 더 깊어지나 봐.
함께 하는 방향이 같다면, 또 닮고 싶은 사람이라면 더 깊이 공감이 되더구나. 공감이 깊어지면 나도 저런 사람이 되어야지, 하며 마음에 진동이 일고 엄마의 심장을 마구 뛰게 해. 진짜 공감은 이런 것이겠지?

결국, 공감이란 네 마음이 내 마음이 되는 것이야. 전체를 바라보는 시선에서야 지금 미운 모습도 포로 감싸안을 수 있겠지. 그러나 그저 현실만, 지금 눈앞만 보는 사람이라면 공감하더라도 깊이가 얕을 수밖에 없어. 그러니 네가 공감받고 싶다면 닮고 싶은 사람이 먼저 되어야 하고 네가 닮고 싶은 사람이라면 가슴 깊이 상대를 이해해 보렴.

세상에서 가장 소중한 세 가지의 '금'이 지금, 소금, 황금이라지? 공감을 위해 가장 소중한 세 가지가 뭔지 아니? 바로 시도, 시련, 시험이란다.

첫째, 시도(試圖)
공감은 모든 창조의 첫걸음이야.

시도는 마음에 떠오른 것을 이루어 보려고 계획하고 꾀하고 행동하는 것이지. 그래서 공감은 시도를 끌어내어 줄 감정능력이야. 엄마가 건강빵을 좋아하고 잘 먹는다는 걸 알고 빵만드는 파티시에인 네가 더 영양 가득한 건강빵을 만들어보겠다고 시도했잖아. 엄마에게 줄 빵을 만들려고 이런 재료를 넣어볼까, 저런 재료를 써볼까, 이렇게 구울까, 저렇게 구울까, 이 궁리 저 궁리하잖아. 엄마가 좋아하는 것을 만들어 주고 싶다는 공감으로부터 시도가 일어난 거야. 그래서 공감은 창조의 시작이란다.

둘째, 시련(試鍊)
시도하다 보면 만나는 것이 시련이지.

시련은 실패와 좌절을 통해 더 강하고 유연한 상태가 되어가는 과정까지를 모두 다 포함하고 있어. 네가 빵을 만들면서 여러 번 실패하고 또 계획했던 대로 모양이나 맛이 나오지 않아서 좌절했었지. 이때마다 일으켜 세우는 게 바로 우리가 나누었던 공감이란다. 빵을 맛있게 만들어서 엄마와 즐겁게 먹는 장면을 상상하면서 이 시련을 넘어간 것이지. 엄마의 마음을 깊이 공감하면 할수록 시련은 결코 아프지 않고 오히려 도전하려는 의지를 강하게 하잖니?

'고난은 미래의 문을 연다.
그대의 운명과 지위는 시련의 순간에 결정된다.
사람을 사람답게 만들고 지혜를 얻도록 만드는 것은
고난과 시련이다.
시련을 겪기 이전에는 참다운 사람이 되지 못한다.
인생의 길을 가다 보면
평탄한 길이 지나고 어려운 길이 나타날 수도 있다[7].'

셋째, **시험(試驗)**
테스트야. 그러니까 시험은 어떤 지식, 기술, 능력을 평가하고 검사받는 것이야.

시련과 비슷해 보이지만 시련이 삶의 기본값인 것에 비하면 시험은 그 사람의 진가를 평가하는 것에 가깝지. '신은 자신이 선하다고 인정하고 사랑하는 자를 굳세어지도록 지켜보며 단련시킨[8]'단다.

모든 시작은 끝이 있지? 처음 시도해서 만든 빵을 너 스스로 만족스럽게 '아~됐다!'하며 끝내야 할 순간이 있어. '이 정도면 엄마가 좋아하시겠지?'하며 네 입맛이나 정성, 취향이 아니라 엄마

---

[7] 나를 아는 지혜, 발타자르그라시안, 하문사, 1997.
[8] 인생철학이야기, 세네카, 동서문화사, 2017.

의 만족을 네가 깊이 공감할 때 끝이 나. 공감하지 못하면 네가 끝내고 싶을 때 끝내겠지만 공감이 깊을수록 상대의 만족도가 끝을 내게 하지. 마치 시험을 치르듯이 말이야. 모든 일이 그렇지 않겠니? 상품 하나를 만들 때 고객의 입장에서 깊이 공감하는 상품이어야 그것의 완성인 것이잖아. 이렇게 상대와의 공감에서 적절한 일치가 일어나는 그 지점이 바로 그 난이도 높은 시험을 통과하는 것이란다.

이렇게
공감으로 시도되고
공감으로 시련을 넘어서고
공감으로 시험까지 통과하는,
공감은 모든 일의 처음부터 끝까지를 더욱 깊이, 밀도 있게 완성도를 높여주는 탁월한 능력이란다.

엄마도 늘 그랬단다. 네가 좋아하는 음식을 할 때엔 더 정성을 다하게 되고 한숟가락 뜨는 네 앞에서 '어떤 반응일까?' 너무 설레이지. 마치 테스트받는 것처럼 말이야. '와~ 맛있어!'라는 말과 표정이 네 얼굴에 드러나면 얼마나 행복한지. 이렇게 공감은 시도하게 하고 시련을 이기게 하며 시험에 통과하게 함으로써 서로를 깊이 느끼는 감정이란다.

그리고 엄마는 두 가지의 '시'를 더 보태고 싶어.

하나는, **시(詩)**야.

제 아무리 공감으로 완성했다 하더라도 공유되지 못하면 공감은 너 혼자의 잔치로 끝나지 않겠니? 네가 가져온 빵을 정말 엄마가 맛있게 먹을 때 상호간의 공감이 일어나겠지? 표현은 공감의 외현화야. 표정이나 말이겠지. 엄마가 시(詩)를 좋아하고 시를 쓰고 있잖아. 엄마만의 공감의 외현화는 시야.

네가 빵을 만들어왔을 때, 네 외할아버지, 외할머니가 돌아가셨을 때와 같이 너나 부모님을 깊이 공감하며 느끼고 싶을 때 엄마는 시를 쓰며 너, 그리고 누군가의 마음과 엄마의 마음을 깊이 일치시키지. 시를 쓰는 마음은 자연의 마음이야. 순수하게 상대의 본질적인 마음을 읽지 못하면 시가 탄생하지 않아. 엄마에게 시는 '공감'이라는 마음을 실체로 드러내는 표현이란다. 공감하면 표현해 줘야해. 너도 상대도. 표현하지 않으면 알 수 없으니까.

또 하나의 시는 **시간(時間)**이야.

공감은 시작부터 끝까지, 그러니까 공유된 그 시점부터 공명이 일어나기까지 긴 시간이 필요해. 처음 맞장구친다고 공감이 일어나는 일시적인 감정이 아니라 깊이 알기 위해 깊이 이해하고 깊이 느끼는 긴 시간을 보낸 감정이란다. 물론 오랜 시간을 보냈지만 공감되지 않을 수도 있어. 하지만, '공감되지 않는' 그 감정을 공감한 것이니 이 또한 공감이라 할 수 있겠지. 함께 느낀다는 것에 시간의 함수를 결코 쉽게 여기지 않길 바란다.

> 자세히 보아야
> 예쁘다
> 오래 보아야
> 사랑스럽다
> 너도 그렇다 [9]

그리고 또 적절한 때를 알아야 해. 네가 정성들여 만든 빵을 엄마에게 가져와 맛있게 먹어보라고 할 때, 마침 엄마가 글 마감에 쫓겨 엄청난 집중을 하고 있다면 엄마가 맛있게 먹으며 너와 좋은 시간을 공유할 수 있을까? 본의는 아니겠지만 아마도 네게 짜증을 부릴 수도 있을 것 같아.

공감은 전혀 공감할 수 없는 갈등으로 역전되기도 한단다. 그래서 공감의 화룡점정은 시(時)야. 공감하려면 사람과 상황을 품을 수 있는 시간이 필요해. 하지만 걱정마. '공감의 배신', '공감의 역전'이라 해도 분명 서로가 긴 시간을 이해하고 품은 관계라면 이러한 일시적인 배신과 역전은 앞서 말한 '시련'이니까 시련부터 다시 시험을 치르고 시처럼 표현하면 된단다.

---

[9] 꽃을 보듯 너를 본다(나태주 시집), 나태주, 지혜, 2020.

엄마가 전문가처럼 공감력을 어떻게 키울 수 있는지는 잘 알지는 못해. 하지만 엄마는 분명하게 말할 수 있어. 공감력을 위해서 시도, 시련, 시험의 단계를 거쳐 두 가지 시, 詩와 時로서 공감을 극대화시킬 수 있다고.

그리고 또 절대 하지 않았던 세 가지, 꼭 했던 세 가지도 있단다. 때론 전문가의 해박한 지식보다는 앞서 경험한 자의 소박한 실천이 더 현명한 지혜가 될 때가 있어. 엄마의 세 가지들이 네게 그러하길 바란다.

엄마는 흉보지 않았어.
사람들은 흉보길 좋아하지. 가끔 화가 날 때 남의 흉을 보는 사람이 있지. 뒷담화나 탓, 하소연같은 것도 결국 흉보는 것의 연장이거든. 엄마도 물론 상대방을 흉보고 싶을 때가 있지. 그런 심정이 들 때 있어. 하지만 엄마의 속상한 마음을 미운 말로 표현하긴 싫었어. 왜냐하면, 입 밖으로 나간 소리가 엄마 귀에 들어올 것이고 그런 말이 엄마 속에서 나온다는 사실이 정말 싫거든.

내 얘기를 가장 먼저 듣는 사람은 바로 자신이란다. 흉보는 순간 화가 난 속은 잠시 후련할지 모르지만, 누군가를 향한 흉이 부메랑처럼 내게 돌아와 나를 공격하는 것 같더라고. 흉을 본다는 건, 특히 상대가 없는 상태에서 그렇게 한다는 것은 마음으로 그 사람을 이해하지 못하고 있다는 반증이니까 결국, 공감은 커녕 내가 원하는 어떤 것도 성취할 수 없다는 뜻이기도 하단다.

엄마는 말을 옮기지 않았어.
누군가에게 들은 말을 다른 사람에게 옮기면 그 말은 비누 거품처럼 부풀려지고 첫 번째 의미와는 완전히 다른 의미로 바뀌어 버려. 그러면서 그 말에는 악한 에너지가 따라붙어 결국 말한 사람이 그 말을 밟고 미끄러지게 된단다. 그렇다고 엄마가 한 번도 그런 일을 하지 않았다는 건 아니야. 해보니 썩 좋은 일이 아니라는 걸 경험으로 알게 된 것이지. 또 이 사람 저 사람에게 말을 옮기는 사람은 믿을 수 없는 사람이야. 그런 사람은 언젠가는 내 이야기도 여기저기 퍼다 나를 테니까.

> '혀는 곧 불이요. 불의의 세계라.
> 혀는 우리 지체 중에서 온몸을 더럽히고
> 삶의 수레바퀴를 불사르나니
> 그 사르는 것이 지옥 불에서 나느니라[10].'

말이 곧 칼이 되어서 관계를 망치고 인생을 지옥으로 만들 수 있단다. 우리가 가진 혀로 우리는 공감이라는 따뜻함을 만들기도 하고 날카로운 칼을 만들어 자신과 남을 베기도 해. 네가 전한 말이

---

10 성경, 야고보서 3장 6절.

다시 네게로 돌아왔을 때 이롭다고 판단하면 말을 옮겨. 그것은 꼭 옮겨야 할 말일 거야. 하지만, 그렇지 않다면 침묵해라. 네가 옮기지 않아도 어떻게든 옮겨져야 할 말이라면 상대에게 전해진단다.

엄마는 **사태 앞에서 떨지 않았어.**
물론 엄마도 소소하고 작은 사건에 화들짝 놀라기도 하고 안타까워하기도 하는 일반적인 감정의 소유자란다. 그렇지만 오히려 큰일 앞에서는 엄마에게 닥친 사태를 그저 처리해야 할 어떤 일로 규정하고 담담하게 일을 끝낸 후에 엄마의 마음을 들여다봐.

> '지나가던 사기꾼에게 번번이 힘을 넘겨주는 일을 그만둘 때다.
> 그들은 우리의 공포심을 자극해
> 주머니에서 돈을 털어내거나
> 자기들이 내세우는 대의의 노예가 되게 함으로써,
> 우리의 에너지를 먹고 산다[11].'

두려움이라는 사기꾼에게 엄마는 엄마의 힘을 조금이라도 내주고 싶지 않아. 그러면 바른 판단을 해낼 힘을 빼앗기기 때문이야. '두려움은 우리를 꽁꽁 얼려서 우리의 기능을 냉장고에 넣는[12]' 일의 명수야. 정신 차리고 지키지 않으면 두려움에 막혀서 용기

---

11 놓아버림, 데이비드호킨스, 판미동, 2013.
12 황금률, 나폴레온힐, 비즈니스맵, 2009.

가 제 할 일을 하지 못하는 것이지. 두려움을 완전히 내칠 수는 없겠지만, 그 감정이 나를 몽땅 삼키지 못하도록 지금 내가 해야 할 일에 몰입해야 해. 그러다 보면 어느새 두려움은 점점 세력이 약해진단다.

이제 엄마의 '공감'을 키워 준 세 가지를 알려줄게.
나의 메아리를 들었어.
쉽게 말하면, 엄마 마음속 레이더에 잡힌 신호의 진동을 낚아채는 것이지. 엄마 내면의 상태가 어디로 향하는지 세심하게 알려고 애쓴다는 말이야. 네가 나르시시즘이라 해도 할 말은 없지만, 엄마는 엄마 자신을 존중하고 엄마 마음이 무얼 원하고 있는지 잘 들으려 해.

> '사람이 자기 자신을 사랑하는 것이 가장 힘든 일 중의 하나다.
> 우리는 우리의 그림자를 포함한
> 전체로서의 자신을 좋아하지 않기 때문에
> 끊임없이 겉모습을 바꾸려고 노력한다[13].'

진정 엄마 내면의 메아리를 듣는 것은 엄마 자신뿐만 아니라 상대방의 내면을 들을 힘도 키워준단다. 그래야 공감이 느껴지지. 그렇게 누군가와 대화할 때도 그 사람의 외적인 모습이나 들리는 소

---

13 놓아버림, 데이비드호킨스, 판미동, 2013.

리보다 눈빛이나 손짓, 말 사이사이의 숨소리를 통해 상대의 내면을 들으려고 애쓰고 있어. 그래서 무엇보다 타인을 포용하고 공감하기 위해 엄마 스스로 들으려는 노력부터 하는 것이야.

그러다 보니 상대에게 존중감이 일더라구.
그렇게, **사람을 높였어.**
어릴 때 엄마는 첫째 딸로, 부모님께 존중받으며 자랐어. 그런데도 사람을 존중하는 게 쉽지 않더라. 아이들은 어리다고 존중하지 않았고, 엄마와 생각이나 의견이 다르면 겉으로 표현하지는 못하고 섭섭한 마음에 압도당해서 상대방을 존중하지 못했어.

애정이 존중으로 가면 감사의 열매가 열리고 존중이 이뤄지지 않으면 증오로 빠진단다. 누군가를 증오하는 마음은 바로 나를 증오하는 마음이라서 시야가 가려져. 그럴 때 여러 경험을 가졌던 시도, 겪어내기 쉽지 않았지만 엄마를 단련했던 시련, 실패와 좌절 가운데서도 엄마의 기준을 잃어버리지 않았던 시험이 많은 도움이 되었단다. 그 과정을 제대로 겪으면서 전보다 자연스럽게 존중의 밀도가 높아진 거야.

나와 타인에 대한 존중은 이렇게 공감의 근원이 된단다.
그래서, **발원(發源)하는 곳의 흐름을 따랐어.**
이는 아주 중요해. 나, 그리고 모두가 조화를 이뤄야 하는 어떤 일에는 그 일이 '되어야 하는 이유'가 있단다. 이유에 의해 모인 것이지. 그것이 태동한 지점. 즉 발원된 그 지점에서의 이유를 간과하지 않는다는 말이야. 누군가의 '마음속에서 바라는 모든 바람의 파장은 무선전신이 한 장비에서 다른 장비로 보내는 파장[14]'이거든. 그 파장으로 사람들을 변화시키는 것이거든.

공감도 감정의 파장이잖아. 그런데 그 파장이 발원지의 이유와 다른 곳으로 흐르면 안되지 않겠니? '나비효과[15]' 알지? 이곳에서 간절히 기도할 때 흐르는 에너지가 저곳에서 놀라운 역사를 이룬단다.

우리 각자는 약해. 하지만 모이면 강해지지. 그 강한 것이 바라는 방향으로 흐르게 하려면 애초의 목적하는 바가 명확해야 하고, 목적하는 바는 발원된 그 지점에서 태동한 것이어야 한단다. 그래서 본질을 잃어버리면 안 되는 것이고 이 모든 것을 위해 따뜻하게 감싸안고 함께 느끼는 것이 수반되어야 하는 것이야.

이렇게 엄마는 늘 상대와의 관계에서
들었고, 높였고, 따랐어.

---

14 나폴레온힐 황금률, 나폴레온힐, 비즈니스 맵, 2009.
15 어떤 일이 시작될 때 있었던 아주 작은 변화가 결과에서는 매우 큰 차이를 만들 수 있다는 이론. 미국의 기상학자 에드워드 로렌즈(Lorenz, E.)가 주장한 것으로, 브라질에 있는 나비의 날갯짓이 미국 텍사스에 토네이도를 발생시킬 수도 있다는 이론이다.(네이버 어학사전)

아이야,
공감력이 반드시 필요한 시대,
온화와 포용은 공감력의 아주 중요한 양분이야.
시도, 시련, 나아가 시험은 공감이 커지는 단계이며
흉보지 않고 말을 옮기지 않고 사태 앞에서 당당하고 제대로 듣고 사람을 높이고 발원지의 흐름을 따르는 것은 공감이 공명으로 이어지게 하는 공감의 질료지.

엄마나 네가 이 땅을 살아가는 동안, 아니 너의 아이들이 또 그 아이들의 아이들까지 길고 긴 모든 시간 속에 공감은 지속적으로 지켜내야 할 인간의 품이 아닐까 싶어. 이를 위해 엄마부터 너를 더 깊이 공감할게.

가고 싶었네, 그리고 가네

나
섬학교로 가고 싶었네

파란 하늘이 칠판 되고
푸른 바다가 운동장 되는

모래사장이 의자 되고
소나무 그늘이 교실 바닥 되는

너희들과
서로 팔베개를 하고 낮잠 자는
그런 섬마을로
가고 싶었네

나
산골 학교로 가고 싶었네
높은 숲이 교과서 되고
낮은 길이 백과사전 되는

얼음장 계곡이 놀이터 되고
온갖 들풀이 선생님 되는

너희들과
서로 들풀강아지 한아름 안겨주는
그런 산골마을로
가고 싶었네

나
이제
엄마 학교로 가네

책이 길을 열고
길이 글이 되고
글이 뜻을 담은

너희들과
삶이 환희가 되어 주는
그런 엄마 마을로

가네, 지금

우리, 공부하자!

"엄마, 공부는 왜 해야 해요?"
느닷없는 너의 질문에 엄마는 솔직히 당황했단다.
단호하게 말하고 싶었지만 네게 중학생이 처음이듯 엄마도 중학생 엄마는 처음이라 "학.생.이.니.까."라는 다섯 글자 말고는 무슨 말을 해야 할지 몰랐어.

그리고 여전히 엄마는 잘 모르겠어.
하지만!

잘하고 싶어, 못하고 싶어?
잘하고 싶지?
잘하고 싶으니까 공부해야 하는 거야!

이기고 싶어, 지고 싶어?
이기고 싶지?
이기고 싶으니까 공부해야 하는 거야!

매일 놀고 싶어, 공부만 하고 싶어?
놀고 싶지?
놀고 싶으니까 공부부터 해야 하는 거야!

잘 살고 싶어, 못 살고 싶어?
잘 살고 싶지?
잘 살고 싶으니까 공부는 잘 해야 하는 거야!

부자가 되고 싶어, 빈자가 되고 싶어?
부자가 되고 싶지?
부자가 되고 싶으니까 공부는 기본적으로 해야 하는 거야!

결론부터 얘기하면
공부는 해야 하고
이왕 하려면 잘 해야 하고
잘 하려면 제대로 해야 하고
제대로만 하면 잘 하게 돼.

그리고, 제대로 하.려.면 제대로 알아야지.
무엇을? 네가 지금
'하기 싫지만, 해야만 하는 것'을 제대로 알고,
제대로 해야 제대로 살고,
제대로 즐기는 인생을 살 수 있으니
'공부'가 무엇인지 제대로 알아야 해.

공부는 한자로 공부(工夫)야.
'공(工)'은 천(天)과 지(地)를 연결하는 뜻이고 '부(夫)'는 천(天)과 지(地)를 연결하는 주체가 사람(人)이라는 뜻이야. 즉, 공부란 하늘과 땅을 사람이 연결하는 행위[1]지.

사람으로 태어났으니 평생 공부를 해야 하는 것 아닐까? 우리는 태어남과 동시에 배우며 살지. 늑대인간 알지? 늑대 사이에서 자란 아이는 늑대가 살아가는 법을 배우며 늑대처럼 자라. 우리는 인간이기에 인간다움을 배우며 지금 우리의 모습이 된 것이야. 물론, 너의 질문은 '학교공부'를 왜 해야 하냐는 것이었지? 지금 엄마의 말이 와닿지 않는 잔소리처럼 들릴 거야.

하지만 모든 배움에는 때와 이유가 있단다. 걸음마와 말을 배울 때도 '왜 걸어야 해?', '왜 말을 해야 해?'하지 않듯이 한글을, 자

---

[1] 담론, 신영복, 돌베개, 2015.

전거를, 또 청소년, 청년기의 공부도 그 때, 이유를 품고 해야 하는 것이야.

하지만 공부를 잘하는 방향으로 너를 이끌어 줄 공부부터 해야 해. 잘하는 방향으로 이끈다면 제대로 공부하는 것이지. 어떤 것을 공부하고 어떤 것을 공부하지 말아야 할까? 어떤 공부를 남기고 어떤 공부를 버려야 할까? 또 어떤 공부에 집중하고 어떤 공부는 멀리해도 될까? 이 모든 것들을 감지하기 위해 지속해서 우리는 공부해야 하는 것이야.

지금 학생으로서의 너는 학생의 길을 가야 하니 학생다운 공부를 하는 중이야. 학(學)생(生). 즉, 사는 것(生)을 배우는 시기가 지금 학창 시절이란다. 책에서 답을 구하고 학교라는 작은 사회를 배우는 것이지. 답을 잘 구하기 위해, 작은 사회지만 잘 살기(生) 위해 배우는 것이니 잘해야 하는 것이야.

지금 잘 배우면
'잘 배우는 것'을 '잘 배웠기'에 잘 살게 돼.
잘 사는 어른이 되는 것이고
또 '어른'이 어떤 인간인지도 또 배워야 하지만
학생으로서 잘 배우면 어른으로서의 배움도 잘 배울 수 있어.

"엄마, 왜 공부를 해야 해요?"라고 엄마에게 물었듯 자신에게 질문하고 스스로 지식을 쌓고 깊이 탐구하고 너 자신을 이해시켜 봐. 이해란 아는 것과는 다르단다. 아는 것이 네 정신에 닿을 때 '이해'한다고 할 수 있어. 그러니 궁극적으로 학교에서 국·영·수를 배우는 수단을 통해 스스로 질문하고 탐구하고 이해하고 해답을 찾는 이 과정을 잘 하는 것이 진짜 '삶'을 배우는 기초가 된단다. 다시 말해, '국·영·수'를 잘 하는 공부가 아니라 '국·영·수'를 탐구하는 과정에서 풀고 참고 또 풀고 또 참고 결국 해결해내는 참된 공부를 하는 것이지. 그러면 '국·영·수'도 잘하게 돼.

어때, 거부할 수가 없지?
학교공부는, 아니, 학교공부부터 잘 해내야 할 필요가 있어!
공부는 자신을 분명하게 인식하기 위해, 자신이 바라보는 세상을 올바르게 담기 위해 필요한 것이겠지? 어설프더라도 네가 살아갈 세상에서 너의 삶을 잘 꾸려갈 수 있게 지금 네게 주어진 현실! 공부를 잘 하는 것은 '현실'을 잘 사는 것이야.

사실 엄마가 이런 말을 할 자격은 없다. 네게 공부는 민감한 사안이고 엄마 역시 제대로 '공부'가 정립되지 않은 채 학창 시절을 보냈고 이제 뒤늦게서야 '공부'를 제대로 하는 느낌이거든. 그래서 어쩌면 이렇게 네게 '공부'라는 단어부터 네 머릿속에 제대로 넣어주고 싶은 간절함이 생긴 것이겠지.

너의 마음은 안다만,

네게 공부가 어렵다는 것도 안다만,

그래도 해야 하는 이유가 생기고 가야 하는 방향이 정해지면 가고자 하는 그곳을 향해 학창시절에 해야할 것을 해내야 해. 그렇게 찬찬히 알고 탐구하고 이해하면 재미도 생겨. 재미는 결코 쉽게 손에 쥘 수 없거든. **하기 싫은 감정에서 잉태되는 것이 재미**니까.

엄마가 공부를 왜 해야 하는지 너의 질문이 계기가 돼서 찬찬히 생각해 본 것을 몇 가지 나열해 볼께. 지루하고 다 뻔한 소리 같겠지만 후루룩 읽지 말고 꼭 네가 '이해'하는 수준까지 읽어주길 바래.

첫째, 제때 무엇을 해야 할지 알기 위해서야.
네가 가령 '바다'를 탐구하고 싶어 한다고 가정해보자. 그럼, 아무 것도 하지 않은 채 바다를 탐구할 수는 없어. 바다가 뭔지 알아야 하지? 어떤 요소로 구성되어 있는지 분.석.이라는 것을 하려면 물리와 생물, 화학을 알아야 하고 그것을 위해 수학이 기초가 되어야 하고 제대로 소통하기 위해 언어가 받쳐줘야 하지. 그리고 너만의 '바다탐구'가 시작되고 그것에서 **어떤 결과를 도출하기 위해 필요한 지식을 쌓아야지.** 이렇게 제때 무엇을 해야 하는지 아는 것이 **지혜야. 결국 지혜는 지식을 쌓는 과정에서 얻게 돼. 지혜는 지식이 기본인 것이야.** 자본주의에서 돈의 순환을 알려면 수학이, 자연의 법칙을 알려면 생물과 물리가 글로벌한 세상에 살기 위해 영어를 비롯한 사회와 도덕과 기타 과목들이 가장 기초적으로 쌓여야 하는 것이야. 무엇보다 인간으로 사는 삶을 위해 윤리와 같은 과목은 참으로 중요하지. **왜 그렇게 과목이 많을 수 밖에 없냐면.** 이 모든 것들이 모인 총체가 결국 '삶'이기 때문에 기초 지식으로서 학교 과목은 많을 수밖에 없단다.

둘째, **'이성의 절름발이[2]'가 되지 않기 위해서야.**
네가 '공부하기 싫어'라고 했지? '해야 하는' 이유도 잘 알면서 '하기 싫지?' 그런데, '~하기 싫다'가 뭐지? 감정이지? 해야 하는 이유를 아는 정신보다 감정이 먼저 너의 행동을 결정하지? 사람은 누구나 감정보다 이성으로 행동을 해야 하는데 너의 정신이 말을 듣지 않는다면 절대적으로 불리한 삶이 되지 않겠니? 제대로 공부하지 않으면 이렇게 감정으로 모든 것을 판단하는 아주 어리석음의 극치인 사람이 된단다.

하지만 괜찮아. 지금처럼 네가 '감정'으로 행동을 결정하려 할 때 '아, 정신이 약하구나. 공부가 필요하겠네'라고 느끼면 되는 것이야. 공부에 늦은 시기란 것은 없거든. '사고란 정적인 마음을 동적인 마음으로 변환함으로써 형성된 진동[3]'이라서 지금 **'하기 싫다'에 머무르려는 마음을 '해야 한다'는, 나아가려는 마음으로 변**

---

2 몽테뉴 나는 무엇을 아는가, 몽테뉴, 동서문화사, 2005.
3 마음먹은대로 된다, 찰스해낼, 뜻이있는사람들, 2019.

환시키면 너의 정신은 강해져. 그러니 제대로 자신조차 조절, 통제하지 못하는 '이성의 절름발이'는 되지 마라. 그러기 위해 공부해야 할 때 제대로 공부해서 제대로 어른이 되어야 한단다. 그러니까 학교 공부를 통해 '해야 할'것을 할 수 있고 해내는 어른이 되는 것이야.

셋째, **삶의 기준을 세우기 위해서야.**
학교에서 배우는 기초 과목들을 통해 너는 개인, 조직, 사회, 국가, 그리고 글로벌에 부합되는 너만의 기준을 갖게 된단다. 글로벌한 사회 속 한 개인인 너의 기준말이야. 참 부끄럽지만 어른스럽지 않은 어른도 많지? 이들이 다 학교공부를 잘 하지 못해서는 아니야. 학교공부만 잘해서야. 그러니 앞서 엄마가 얘기해준 '진정한 공부'의 의미를 제대로 알고 '학교공부'를 수단으로 삼아야 해. 그렇게 네가 살아갈 사회를 제대로 바라볼 줄 아는 어른이 되길 바란단다.

공부를 통해 기준을 정하고 그 기준으로부터 무언가를 받아들인다면 너만의 또 다른 기준이 세워지고 그것들 가운데 평생 품고 가야 할 기준과 시류에 따라 변화시켜야 할 기준을 만들 수 있는 사람이 되어 고착된 관념으로 생떼나 쓰는 어른은 되지 않아. 학교에서 수동적으로만 배우지 말고 너 스스로든 누구에게든 질문을 많이 해서 다양한 의견과 주장들을 너의 사고와 섞어봐. '왜'라는 질문을 스스로에게 던지면서 너만의 기준을 만들어 봐.

넷째, 불확실한 미래, 천리안을 가지기 위해서야.
삶은 문제의 연속이란다. 지금 너는 '공부하기 싫어. 어떻게 하면 놀기만 할 수 있을까?'라고 생각할 수 있어. 이러한 심정의 발동은 네게 아주 어려운 문제지. 학창시절은 그렇게 놀고 싶은 게 당연하니까. 하지만 공부해야 하는 어려움과 피곤함도 어쩌면 인생에서 끊이지 않고 등장하는 '문제'를 해결하는, '불편함을 견디는 능력'을 키우기 위함이야.

삶은 끊임없이 문제가 생겨. 문제가 생긴 것은 '모르는 지점'을 찾으라는 신호야. 모르니까 문제지 알면 문제가 아니거든. 그러니까 공부한다는 것은 삶의 문제와 정면으로 싸워 이길 개선장군이 되는 과정이야. 많이 알고 깊이 이해하면 본질을 볼 수 있겠지. 보이지 않는 본질을 볼 수 있는 눈은 불확실하고 예측 불가하고 불투명한 미래를 예지할 수 있는 천리안을 가진 눈이란다. 학교공부를 통해서 핵심이 무엇인지를 파악, 요약하는 힘을 키우고 그것으로 삶의 모든 문제를 관통할 수 있도록 시선을 날카롭게 만들렴.

다섯째, AI시대, 살아갈 힘을 지니기 위해서야.
위에서 언급한 천리안의 눈을 통해 너는 창의와 통찰, 민감성을 키울 수 있을 거야. AI가 범접할 수 없는 부분이라 일컫는 그러한 인간만의 능력이지. 기발한 발상만 하는 사람은 결코 창의적이라 할 수 없어. 그저 엉뚱한 소리나 지껄이는 사람이지. 물론 둘 다 창의적이야. 하지만 창의가 창발[4]이 되기 위해서는 현실로 구현하는 힘이 필요해. 그러니까 기초지식이 필요하지. 그리고 AI가 결코 따라올 수 없는 유연한 사고 역시 탐구과정을 통해 키워진단다. 이 방향으로 탐구하다가 저 방향과 연결되는 지식의 접점을 알아내는 쾌락에 네가 빠질 수 있을 거야. 국어를 잘하는 아이가 전혀 다른 영역인 물리까지 잘 해내는 것은 지능의 문제라기보다 연결, 즉 창의적인 어떤 순간을 경험했기 때문이거든. 그러니 학교의 다양한 과목들을 수단삼아 놀아보렴.

여섯째, 유일한 너만의 무언가를 찾고 만들기 위해서야.
사람은 유희의 동물이라고 하지? 생존이 해결되면 의미와 재미를 찾게 돼. 삶을 즐기고 누릴 수 있게 되지. 네가 관심 가지는 것에 몰입하기 위해서 '관심'이 어디로 향하는지를 알아야겠지?

사람은 기억의 동물이기도 하거든. 다시 말해서, 직간접적으로 자기에게 채워진 경험 안에서 찾고 바란다는 의미잖아. 두루두루 학교에서 다양한 과목을 수학하고 다양한 놀이를 경험하면 아무래도 '관심사'가 넓어질 수밖에 없고 그 가운데 '관심' 가는 것에 넌 몰두할 힘을 얻게 돼. 어른들이 그토록 가지고 싶어 하는 능력, '

---

[4] 창발은 어떤 것의 합이나 결합의 결과물이 아닌 높은 수준에서의 특성을 창의성에 의해 창조되어 현실로 발현되는 새로운 것.

몰입' 역시 이 과정에서 생겨난단다.

이렇게 네가 '관심'가는 것에 몰두하면 그것이 바로 세상에서 하나뿐인 '너만의 것'이 되어 너는 즐기는 인생을 살게 돼. 네가 재밌으면 사람들이 그 재미가 뭔지 관심가지고 모인단다. 그렇게 함께 하다 보면 공부로 공감이 일어나. 얼마나 신기한 지 아니? 그 때 공부는 진짜 재밌어지고 그 재미를 통해 넌 너만의 것을 찾게 되지.

일곱째, 생존을 위해서야.
제일 중요하기에 가장 마지막에 말하는 거야. 학교공부는 지금 대한민국에서 먹고 살기 위해 반드시 필요해. 물론 학교에 다니지 않는 학생들도 있어. 하지만 검정고시를 봐야 하거나 홈스쿨링을 해서라도 기초지식을 쌓아야 하지. 이는 기본적인 먹거리를 해결할 힘이야. 이 부분은 가장 중요하고 가장 기본이고 너무 당연하기에 더 할 말이 없구나.

자, 엄마가 왜 공부를 해야 하는지 7가지나 찾아냈어. 이 모두는 너를 위해서이기도 하지만 엄마 역시 지금 '공부'를 새롭게 시작한 어른이라서 엄마 스스로를 위해 찾은 것이기도 해. 이제 '공부'가 뭔지 알았으니 제대로 해보고 싶어져. 알면 하고 싶어지네! 그래서, 어떤 자세로 이 '공부'에 임할지 지금부터 말해보려 해.

'공부하는 자세' 너무 중요하겠지?

첫째, **불태울 거야.**

태울 열(熱). '열심히'는 태우는 마음으로 하는 것이란 걸 알았어. 엄마 안의 모든 것들이 스스로 발화하여 뜨거워지고 그것들이 재가 될 때까지 태울 거야. 무언가에 집중하면 엄마는 얼굴에 열이 나고 화끈거리고 심지어 진땀도 나거든. 이 증상이 엄마가 '열심히' 하는 것을 증명해. 이 진부한 단어, '열심히'의 의미를 깊게 알았으니 진땀 나도록 해보려고. 아마도 이 느낌이 '몰입'이 아닐까? 누가 뭐라고 해도 꿈쩍하지 않고 오로지 자신의 탐구에 빠지는 과정 말이야.

그러니, 우리 자신의 공.부.를 열.심.히. 해보자. 엄마가 가정을 돌보고 아빠가 직장에서 일하는 것도 공부야. 너는 학교에서, 엄마는 집에서 책으로, 아빠는 현장에서 일로, 우리 그렇게 공부해보자. 태운다는 것은 현실을 제대로 산다는 증거겠지? 역할을 잘하고 있다는 말일 테고. 공부해야 하는 지금. 엄마도 너도 각자를 불태우면 결코 손해 보지는 않을 거야!

둘째, **'도리'를 걸을 거야.**

'도리(道理)'는 사람이 어떤 처지에서 마땅히 행해야 할 바른 길이야. 마땅히! 그리고 옛날 우리 건축물 가운데 서까래 알지? 그 서까래를 받치기 위해서 기둥 위에 건너지르는 나무도 '도리'라고 하거든. 서까래가 얼마나 무겁겠니? 하지만 마땅히 받쳐줘야만 하니까. 그렇게 하지 않으면 지붕이 무너지니까. 삶이 무너지면 안 되니까 도리처럼 공부로 삶을 받쳐줘야만 해. 지금의 공부가 너의 삶을 받쳐줄 도리가 되는 것이지. 마땅히 도리를 다하는 길 위에 서서 도리가 되어야 한단다.

천명지위성(天命之謂性)
솔성지위도(率性之謂道)
수도지위교(修道之謂敎)[5]

하늘이 만물에 부여해 준 것을 '본'이라 하고
'본'에 따르는 것을 '도'라 하며
'도'를 닦는 것을 '교'라 한다.
중용 1장 1절이야.

'본'. 우리는 본래 지닌 것을 깨닫기 위해 마땅히 공부해야 해.
'도'. 그 깨달음으로 자신의 길을 내기 위해 마땅히 공부해야 해.
'교'. 그것이 참된 교육이니 우리는 마땅히 공부해야 해.

엄마는 지금 학교에 다니며 공부하는 것은 아니지만 그 어느 때보다 치열하단다. 삶의 공부. 이보다 더 소중한 공부가 어디 있을까

---

[5] 대학·중용, 주희 엮음, 김미영 옮김, 홍익출판사, 2019.

싶고 이 공부야말로 공자의 가르침인 중용을 비로소 배우는 느낌이 들어. 엄마는 중년이야. 지금 시대에 100살까지 산다는데 앞으로 50년 이상을 더 살아야 해. 젊어서 학교공부로 살 수 있는 만큼 살았다면 그 기초 위에 지난 30여 년간의 삶의 경험이 더 큰 공부로 엄마를 견인했지. 급변하는 세상, 잘 살기 위해, 그리고 **진정 너희들을 위한 '교'를 위해 엄마는 계속 공부하는 것이지**. 엄마도 도리에 맞게 살아야 하고 지금이 그 '때'인 것 같아. 50을 바라보는 나이, 지·천·명 하늘이 내려준 명을 알고 살아야 하는 시기의 공부가 엄마 공부라면 너는 학교에서 '삶의 기본'을 익히기 위한 지식과 경험을 쌓는 공부에 열을 올리길 바란다.

영아기, 유아기, 아동기, 청소년기를 거치며 너희들은 그때마다의 공부를 잘 해왔어. 지금 청소년기, 청년기까지 잘 해왔다면 영원히 잘 할 수 있어. 그러면 중년기, 장년기, 노년기의 삶도 잘 살아낼 수 있어. 그래서 '때'는 너무나 중요해. 인간은 좋든 싫든 사회 공동체 안에서 살아야잖아. 적절한 시기에 자신에게 주어진 과업을 해야 하는 숙명을 지닌 우리이기에 지금 청소년 시기에 너는 너의 공부를 통해 너의 과업인 가치관을 정립하고 너의 꿈을 키우는 초석을 마련할 정말 좋은 때야.

그러면 당연히 성적이 좋아질 수밖에 없단다.
의미를 알고 행하면 당연히 실천의 강도가 높아지지.

어렸을 때 과자 사준다고 하면 네가 엄청나게 숙제를 잘했거든. 청소년 시기를 지나 멋진 청년 시기가 온다는 믿음을 지니면 지금 네가 하는 공부도 엄청 재미있게 하게 될거야.

미래로부터 지금을 보렴.
그러면 지금의 감정 따윈 별거 아니야.
그러니 성적을 위한 공부, 칭찬받기 위한 공부를 추구하지 말고, 너의 미래를 그리며 지금의 공부에 임하렴. 그러면 근성도, 집념도, 책임감도, 관계도, 유연성도, 인내도 모두 길러져. 그것을 길러야 공부를 잘하는 것이 아니라 **'공부'의 의미를 제대로 지니고 미래의 보상을 위해 지금 공부하면 그 모든 것이 길러져.** 그러면 탁월해진단다.

탁월한 네가 되면 더 강한 근성, 더 날카로운 집념, 더 강력한 책임감, 더 원만한 관계, 더 깊이 있는 인내. 모든 것이 더 굳건해지지. 그렇게 앞으로 네 삶에서 다가올 모든 시련과 난관 속에서도 넌 당당해질 수 있을 거야.

매일 그림을 그린다고 작품의 의미를 안다고 할 수 있을까?
바다에 매번 놀러 간다고 바다를 안다고 할 수 있을까?
농구 슛을 매일 쏜다고 농구를 안다고 할 수 있을까?
하늘만 매일 쳐다본다고 천문학을 알 수 있을까?

악기를 연주한다고 예술가라고 할 수 있을까?
미식가라고 요리를 잘한다고 할 수 있을까?

'만일 분명 그것이 우리가 알고 있는
가장 높은 목적지로 향한 수단이라면
어떤 일이든 하찮거나 지겨울 이유가 무엇일까[6]?'

우스갯소리 하나 할까? 엄마 고등학교 때 급훈이 '열심히 공부하면 미래의 배우자가 바뀐다'였어. 물론 아빠가 싫다는 말은 아니고. 그땐 웃고 말았던 급훈이지만 이제 그 의미를 알겠어. **공부 하나 열심히 하면 자신의 미래를 자신이 선택할 힘을 갖게 된다는 의미야. 네 삶을 네가 결정하는 힘**이야. 그 힘을 강하고 오래 지니려면 지금 공부를 열심히 해야겠지?

지금까지 엄마가 말한 내용대로 엄마는 진짜 열심히 공부할 거야.
엄마가 원하는 것을 알았거든.
그러니까 너도 네가 원하는 미래를 그리렴.
지금 당장 모를 수도 있어.

하지만 엄마처럼 40년을 모르면 손해야.
그러니 공부를 하면서 그것을 찾아봐.

---

6 구도자에게 보내는 편지, 헨리데이비드소로우, 오래된미래, 2005.

돈이 있으면 먹고 싶고 가고 싶은 선택지가 많아지지?
마찬가지야. 공부를 잘하면 네가 원하는 것을 많은 선택지에서 고를 수 있어.

이렇게 공부를 열심히 해서 원하는 미래가 그려지면 그것을 얻을 때까지 해야 해. 언제까지 해야 해? 공부는 죽을 때까지 하는 것이지만 원하는 목표가 있다면 그 목표에 도달할 때까지 하면 돼. 신나게 목표를 하나씩 이뤄보는 거야. 하고 싶었는데, 막상 하면 힘들어. 무엇이든 그래. 그런데 거기서 한 번 더 해. **포기는 하루이틀 미룬다고 손해 보지 않는단다.** 분명 네가 뭔가를 '하고 싶다'는 느낌이 들었다는 것은, 그래서 '도전했다'는 것은 반드시 이유가 존재해. 그러니 그 이유가 무엇인지 궁금해서라도 끝까지 해보는 것이야.

**가장 비참한 두려움은
자신이 가능성을 믿고 시작한 결과를
스스로 가치 없게 만들어버리는 것이 아닐까?**

공부는 평생 네가 해야 할 행위야.
그러니 마구마구 공부해야 할 그 시기에 공부에 재미를 붙일 기회를 잃지 마라.

뭐든 어려워도 계속하면 재미가 붙고
재미가 붙으면 더 잘하게 되고
더 잘하게 되면 더 크게 얻고
더 크게 얻으면 더 큰 어려움도 이겨내고
더 재미있는 삶이 되지.

지금이 기회야.
공부를 열심히 하면 인생의 수많은 기회를 네 것으로 만들어낼 수 있고 많은 경우에서 재미를 즐기는 인생이 되지. 그러니 지금 공부해야 할 때에 너의 자세와 근성과 지식, 쾌락. 모두를 키우렴. 그렇게 너를 지혜로운 사람으로 세상에 어울리게 성장시키렴. **공부를 안 하는 것은 미래에 다가올 후회를 미리 보따리에 챙겨 넣는 거야.** 당장 세상을 살아가는 계산에 둔한 것이고 너의 가능성을 빵부스러기 취급하는 거야. 지금 학교공부는 너의 길을 위한 초석이 되어줄 것이야.

그러니 우리 공부하자.
엄마도, 너도 공부하자.
공부의 의미를 제대로 알았으니, 재미를 추구하자.
그렇게 의미가 재미가 되는 과정에서 삶을 음미하며 신나게 즐겨보자.

붙듦

아이야, 며칠 전 늦은 밤, 친구가 고민을 털어놓았어. "계속 내가 맞춰줘야 해. 그 사람은 절대 안 변해. 이젠 내가 누군지도 모르겠고, 집에서 존재감도 없는 것 같아." 그 말을 듣는 순간, '존재감'이라는 단어에 마음이 멈췄어. 겉으론 농담처럼 흘려보냈지만, '나는 누구? 여긴 어디?' 같은 말 뒤엔 깊은 혼란이 숨어 있다는 걸 알았거든. 그래서 엄마는 말했단다. "답이 안 보이는 문제라면, 잠시 그 자리를 벗어나 보는 게 나을지도 몰라. 너 자신을 지킬 수만 있다면." 그리고 덧붙였지. **"지금 당장, 붙들 수 있는 무언가를 찾아봐."**

그날 이후 엄마는 지난 시간을 돌아봤어. 많은 순간, 감정에 휘둘리지 않으려 애써 왔단다. 문제를 바로 해결할 수는 없더라도, 마음이 무너지지 않도록 작은 실천을 반복했어. 그 선택들이 쌓이면서, 어느 순간 그 시간에 하나의 이름을 붙이게 됐지. 엄마는 그것을 '**붙듦**'이라 이름붙였어.

감정에 삼켜지기 전에, 스스로를 붙드는...
해결하진 못해도 무너지지 않게 날 잡아주는...
감정과 나 사이를 단단히 잡아주는 마음의 닻 같은...

이 글은 엄마의 '붙듦'에 대한 기록이야.

아이야, 엄마가 겪어보니까 말이야,
아무리 애써도 달라지지 않는 상황이 있더라.
아무리 다가가려 해도 좁혀지지 않는 거리도 있고,
아무리 표현해도 같은 오해가 자꾸 반복되기도 하지.

그런데 정말 힘들었던 건, 그 문제 자체보다도 그 감정에 오래 머물면서 엄마가 조금씩 무너져가는 걸 스스로 지켜봐야 했던 것이야. 해결해 보려고 애도 써보고, 말로 풀어보기도 했지만, 결국 알게 됐어. 모든 게 다 해결되는 건 아니더라.

그래서 그땐
문제를 푸는 게 아니라, 그냥 살아가는 방식을 바꿔야 했어.

고통을 이겨내기 위해서가 아니라, 고통에 삼켜지지 않기 위해 움직여야 했던 것이야.

그때부터 엄마는 마음의 기류를 관찰했어. 마치 식물을 돌보듯, 감정이 마르지 않도록 스스로를 살폈지. 빛과 물은 충분한지, 마른 잎은 없는지 살펴보며 마음의 자리를 조금씩 옮겨보기도 했어. 감정과 나 사이에 숨 쉴 틈을 만들며, 무너지지 않기 위한 시간을 가꾼 것이야. 엄마가 먼저 움직이려 했던 건 감정을 외면하려는 게 아니었어. 휘말리지 않기 위해서였지. 생각이 꼬이기 전에 손을 쓰고, 마음이 가라앉기 전에 발을 떼는 일이었어. 그렇게 몸을 움직이다 보면, 감정은 그대로 있어도 어느새 엄마는 그 곁에서 한 걸음 떨어져 있을 수 있었단다. 감정은 감정대로, 엄마는 엄마대로 서 있을 수 있었던 것이야.

> '자유로운 인간이란 이성의 인도 아래 사는 자,
> 곧 자기의 감정을 이해하고 그것에 지배되지 않는 자다[1].'

감정은 피할 수 없지만, 휘둘리지 않으려면 먼저 그것을 바라보고 이해하는 시간이 필요해. 엄마는 그 출발점을 '**붙듦**'이라 불렀단다. 붙듦은 치유와 달라. 치유가 상처를 드러낸 뒤에 시작된다면, 붙듦은 상처가 더 깊어지기 전에 멈춰 서는 선택이야. 감정을 완

---

[1] 에티카, 베네딕투스데스피노자, 서광사, 2007.

전히 통제할 수는 없어도, 그 속에서 자신을 지키는 태도는 스스로 선택할 수 있어. 엄마는 어느 순간부터 이 '붙듦'을 하나의 의식(ritual)처럼 여겼단다. 감정을 피하려는 게 아니라, 몰입하기 전에 스스로를 다잡는 시간이었어. 몰입은 마음의 문을 열고 들어가는 일이라면, 붙듦은 그 문 앞에서 잠시 숨을 고르며 나를 준비시키는 일이었어. 그것은 무아지경에 빠지는 몰입이 아니라, 그 몰입에 닿기 위해 마음을 가다듬는 사전 작업이었지.

산에 오르기 전, 운동화 끈을 고쳐 묶듯이.
중요한 전화를 걸기 전, 숨을 한 번 고르듯이.
사람을 만나기 전, 거울 앞에서 옷매무새를 가다듬듯이.

아주 사소하지만 자신만의 중심을 붙들어주는 작고 단단한 몸짓이었어. 감정의 소용돌이 앞에서 가장 먼저 할 일은 흔들리는 자신을 붙들어 '존재 위에' 다시 세우는 일이더라. 그렇게 자신을 단단히 붙잡고 나면, 산란하던 마음도 조금씩 가라앉게 돼. 감정이 너무 벅찰 땐, 그 감정과 나 사이에 살짝 거리를 두는 거야. 그러면 마음에 작은 틈이 생기고, 그 틈 속에서 우리는 몰입할 수 있어.

몰입은 감정을 없애려는 게 아니라,
지금 내 안에 있는 그 감정을 있는 그대로 마주하게 도와주거든.

'마음이 고요하면 몸도 편안하고
마음이 어지러우면 몸도 괴롭다[2].'

결국 마음을 다잡는 건 한순간의 결심이 아니라, 조용히 반복되는 작은 행동들이었어. 누구에게 보이기 위한 게 아니라, 오직 자신을 위한 의식 같은 거지. 엄마는 그런 시간을 하나둘 갖게 되면서 감정에서 조금씩 멀어질 수 있었단다. 생각이 복잡할수록 더 단순한 동작이 필요했어. 숨을 고르고, 몸을 움직이고, 생각을 잠시 내려놓는 준비들이 마음을 무너지지 않게 지켜주는 힘이 되었단다. 감정은 파도와 같아. 억제하려 하지 말고, 그 위를 부드럽게 타고 넘는 법을 배우렴.

'걷기'는 감정을 흘려보내는 시간이었단다.
처음엔 그저 무작정 걸었어. 감정이 밀려왔던 어느 밤, 울음을 멈추지 못해 밖으로 나섰지. 차가운 바람을 맞으며 걷다 보니 마음이 조금씩 가라앉더라. 그날 이후 알았단다. 걷는다는 건 감정을 억누르기 위해서가 아니라, 그 감정에 잠기지 않도록 나를 밖으로 이끌어주는 힘이었어.

'등산'은 높은 곳에서 마음을 내려다보는 일이었단다.
걷기의 힘을 느낀 뒤, 엄마는 조금 더 긴 호흡으로 마음을 들여다

---

2 채근담(菜根譚).

보고 싶어져 산에 올랐어. 무거운 마음을 짊어진 채 말없이 오르막을 걸었지. 숨이 턱끝까지 차고 다리가 후들거릴 만큼 가파른 길이었지만, 이상하게도 그 고단함이 생각을 멈추게 해줘서 좋았어. 땀을 흘리는 동안 복잡한 마음이 비워지는 기분이 들더라. 머릿속을 맴돌던 수많은 말들이 사라지고, 어느 순간엔 내 숨소리만 또렷하게 들렸어.

정상에 도착했을 때, 발 아래 펼쳐진 풍경을 한참 바라봤어. 산줄기와 마을이 구름 사이로 고요히 드러나는 모습은 마치 세상을 다 품은 것 같았지. 가슴이 트이고, 마음에 걸려 있던 것들이 제자리를 찾는 느낌이 들더라. 정상에 서면 분명 뭔가가 보여. 길이든, 방향이든, 그리고 지나온 길도, 아니면 잠시 숨 돌릴 여유라도. 그저 풍경을 보는 것이 아니라, 그 속에 담긴 감정과 깨달음을 함께 보는 순간이야.

'뜨거운 물에 몸을 담그는' 건, 흔들리던 마음을 다정히 감싸는 일이었단다.
높은 곳에서 내려다본 뒤엔 다시 안쪽의 온기가 그리워졌어. 바깥에서 비워낸 감정을 따뜻하게 안아주고 싶었거든. 처음엔 숨이 턱 막혔지만, 곧 열기가 피부를 타고 퍼지며 숨결도 느려졌어. 단순히 몸을 쉬게 하는 시간이 아니라, 마음을 잠시 멈추게 하는 조용한 의식이었지. 아무도 모르게 흔들리던 내면을 물속에서 어루만

지는 순간, 그 따뜻함이 엄마를 안아주었단다.

'깊은 밤의 고요'는 깨어 있는 마음을 차분히 다독이는 시간이야.
아무리 붙들려 해도, 잠잠해진 줄 알았던 마음이 다시 흔들릴 때가 있어. 그럴 땐 흔들림마저 받아들이기로 했지. 마음은 늘 고요 속에만 머무르진 않더라. 밤이 되면 말없이 차오른 감정에 잠기곤 했고, 쉽게 잠들지 못하는 날들도 많았어. 예전 같았으면 투덜거렸겠지만, 언젠가부터는 그 시간을 있는 그대로 받아들이고 싶어졌지. 가만히 누워 시간을 흘려보내기보다, 내게 남을 무언가를 붙들고 싶었어. 그래서 책을 펼치거나, 줄거리가 단단한 영화를 보기도 했단다. 그렇게 '깊은 밤의 고요'는 엄마에게 마음을 추슬러보는 고요한 숨 고르기가 되어주었지.

한 번은 '먹고 기도하고 사랑하라[3]'라는 영화를 봤어. 삶이 송두리째 흔들린 한 여자가 이탈리아, 인도, 발리를 여행하며 자신을 다시 찾아가는 이야기였지. 떠날 수 없던 엄마는 대신 그녀를 따라 마음을 움직였단다. 낯선 풍경 속에서 울고, 기도하고, 멈춰 서는 장면들을 보며 문득 생각했어. '나도 어디론가 떠나고 싶다.' 하지만 그럴 수 없었기에, 화면 너머의 여정을 따라 엄마만의 고요를 찾으려 했던 것 같아. 그 영화는 단순한 위로가 아니라, 잠시 멈춰 자신을 들여다보게 해주는 창이었어. 그녀의 눈물과 침묵이 엄마

---

3 먹고 기도하고 사랑하라(Eat Pray Love), 감독: 라이언 머피, 출연: 줄리아 로버츠, 미국, 2010.

마음 어딘가를 다녀간 듯, 조용히 스며들었단다.

또 다른 밤엔 '와일드[4]'라는 영화를 봤어. 사랑하는 엄마를 잃고 무너졌던 한 여성이 혼자 1,700km가 넘는 탐방로를 걸으며 자신을 다시 붙드는 이야기였지. 거칠고 투박한 여정이었지만, 그 안엔 분명 회복의 기미가 있었어. 눈물도 많고 상처도 깊었지만, 끝내 자신을 포기하지 않더라고. 그 모습을 보며 엄마의 삶도 겹쳐졌어. '저 사람은 결국 자신을 잃지 않았구나.' 그렇게 생각하니, 이상하게 마음이 단단해졌어. 잠은 오지 않았지만, 무너질 듯 흔들리던 마음을 조금 더 깊이 붙잡을 수 있었거든. 화면을 통해서라도 끝까지 버티는 누군가의 모습을 본다는 건, 내 안의 버팀을 다시 세우는 일이 되기도 해.

보이지 않는 시간 속에서 엄마는 조금씩, 아주 느리게 회복되고 있었어. 아무 일도 없는 듯한 그 밤들이 오히려 엄마 안에 많은 변화를 만들어내고 있었지. 말없이 쌓인 시간이 때론 가장 깊은 준비가 되더라.

'자전거를 타는' 건, 마음을 바람에 실어 복잡한 생각을 잠시 내려놓는 일이었어. 마음이 조금씩 여물어갈 무렵, 감정 안에 머무는 대신 바람을 따라 바깥으로 나가고 싶었단다. 바퀴를 굴릴수

---

4 와일드(Wild), 감독: 장 마크 발레, 출연: 리즈 위더스푼, 미국, 2014. 원작: 와일드, 셰릴스트레이드, 민음사, 2013.

록 생각이 잦아들고, 머릿속에 쌓인 먼지도 바람에 흩어지는 듯했지. 감정이 머물던 방을 나와, 바람 부는 길 위로 자리를 옮긴 느낌이었어. 그 감각이, 머물 곳을 잃었던 마음에도 조용히 돌아갈 자리를 찾아주었단다. 특히 노을 무렵이 참 좋았단다. 하늘이 붉게 물들고, 그 빛이 눈앞을 가득 채우면 따뜻한 온기가 온몸을 스치듯 지나갔어. 그 순간만큼은 근심이 끼어들 틈이 없었지. 강렬하면서도 이상하리만큼 고요한 풍경이었어. 하루의 끝과 시작이 맞닿는 그 시간은 어제와 오늘, 오늘과 내일 사이에 찍히는 조용한 쉼표 같았단다.

'글을 쓴다'는 건, 감정과 자신 사이에 길을 내는 일이었어.
잠깐의 쉼표를 지나 마음이 말랑해졌을 때, 마침내 글을 쓰기 시작했지. 말로 꺼내기 어려운 마음을 찬찬히 들여다보는 방식이었어. 글은 엄마에게 가장 정직하게 몰입할 수 있는 시간이었단다. 그 몰입이 가능했던 건, 시작 전에 멈춰 서서 자신을 바라보는 시간이 있었기 때문이야. 문장을 따라가다 보면, 엄마도 몰랐던 감정의 결이 천천히 드러났고, 그것을 바라보는 동안 무너지지 않고 살아 있다는 느낌을 받을 수 있었단다. 그렇게 글쓰기는 감정과 나 사이에 서서히 길을 내주는 일이 되었어.

그 시간을 지나며 문득 외할머니가 떠올랐어. 감정을 말로 꺼내지 않던 그분은 몸짓으로 자신을 붙들고 계셨지. 불 꺼진 거실에서 혼자 명심보감을 읽으시던 밤, 말없이 바느질하던 손끝, 서툴지만 정갈하게 써 내려가던 글씨. 그건 누군가에게 보여주기 위한 게 아니라, 감정이 무너지지 않도록 자신을 다잡는 방식이었어. 엄마가 글을 쓰며 마음을 가라앉혔던 것처럼, 외할머니도 그렇게 자신만의 방식으로 버티고 계셨던 것이야.

엄마의 작은 행동 하나하나는 감정에 휘둘리지 않기 위해 자신을 다잡는 시간이었어. 그 짧은 실천들이 마음의 중심을 지켜줬지. 걷고, 오르고, 멈추고, 달리고, 써 내려가는 모든 몸짓은 흩어진 나를 다시 중심으로 끌어당기는 닻이었어. 돌아보니, 그것이 엄마만의 '원 띵(One Thing)'이었더라. 누군가에겐 그 행동이 목적이었겠지만, 엄마에겐 다음을 준비하는 숨 고르기였어. 무너지지 않도록 자신을 꿰매는 손짓이자, 흔들리는 마음을 붙드는 시간이었단다.

장폴 사르트르는 '실존주의는 휴머니즘이다'에서 인간을 '<u>스스로를 짜야 하는 뜨개질</u>[5]'이라 비유했단다. 엄마는 그 실을 따라 매번 다시 삶으로 돌아왔어. 실이 끊어지지 않는 한, 언제든 다시 시작할 수 있었으니까. 엄마의 작은 몸짓들은 감정에 삼켜지지 않기 위한 다짐이자, 생각이 아닌 행동으로 마음을 지탱해 낸 방식이었지. 그게 엄마가 살아낸 태도였어.

---

5 실존주의는 휴머니즘이다, 장폴사르트르, 열린책들, 2005.

감정을 마주한다는 건 늘 거센 파도와 싸우는 일만은 아니란다. 모든 감정이 다 폭풍처럼 밀려오는 건 아니니까. 어떤 건 그냥 스쳐 가지. 하지만 어떤 감정이든 제대로 마주하려면 마음을 붙드는 태도가 필요해. 무너지지 않기 위해 자신을 붙들던 짧은 순간들은 감정을 억누르려는 몸짓이 아니었어. 한발 물러서 마음을 가라앉힌 뒤, 다른 걸 바라볼 여유를 찾기 위한 시간이었지. 작은 행동 하나하나가 몰입으로 이어졌고, 그 몰입은 오히려 숨이 트이는 깊고 침착한 집중 상태였단다. 엄마에겐 그 시간이 무너지지 않고 살아 있다는 걸 몸으로 느끼는 순간이었어.

그러니까 감정을 꼭 치유하거나 이겨내려 애쓰지 않아도 괜찮단다. 감정은 꼭 해결해야 할 문제가 아닐지도 몰라. 그냥 흘려보내도 되는 순간이 있지. 어떤 감정은 저절로 가라앉고, 어떤 감정은 살아 있다는 걸 느끼게 해줘. 그래서 한 감정에 오래 머물 필요는 없어. 휘둘리는 시간을 줄이려면 가만히 있지 말고 뭐라도 해야 해. 걷든, 쓰든, 자리를 옮기든.

감정에 잠식되지 않으려면 마음보다 몸을 먼저 꺼내야 해.
그게 자신을 붙드는 태도야.
그리고 가능하다면,
그 끝에서 몰입의 자리로 천천히 걸어가 보는 거야.

엄마가 그 실천들을 하나씩 붙잡아야 했던 건, 감정의 진폭이 큰 사람이었기 때문일 것이야. 기쁨은 금세 스쳐 가지만, 슬픔이나 우울은 길게 남더라. 어디까지 이어질지 몰라 숨이 막힐 때도 있었지. 엄마가 했던 작은 실천들은 누구에게 보여주기 위한 것도, 멋진 취미도 아니었어. 그저 삶을 지키기 위한 의식적인 시간이었단다. 그 안에서 엄마는 조금씩, 자신을 잃지 않는 법을 배워갔지.

'우리는 감정 그 자체가 아니라 그 감정을 바라볼 수 있는 존재로 살아가고 [6]' 있어. **붙듦**이란 그런 거야. **감정 한가운데 있으면서도, 거기에 휘말리지 않고 지켜보는 태도. 흔들리더라도 자신을 놓치지 않는 힘이야.** 억지로 감정을 눌러 참는 것도, 무작정 이겨 내려는 것도 아니란다. 감정에서 도망치지 않되 그 안에서 자신을 단단히 붙드는 일이야. 중심이 흐트러지지 않도록 자신을 다시 제자리에 세우는 것이야.

    '현명한 사람은 오르내림과 상관없이 기본 원칙을 지킨다 [7]'

엄마는 그런 원칙까지는 몰랐지만, 마음이 흔들릴수록 붙들 수 있는 무언가가 필요하다는 건 알고 있었어. 그게 엄마에겐 '붙듦'이었단다. 작지만 분명한 엄마만의 태도였지.

---

6 사물의 투명성, 루퍼트스파이라, 마음세상, 2023.
7 원칙(Principles), 레이달리오, 한빛비즈, 2018.

결국 삶을 바꾸는 것은
거창한 결심이 아니라,
작고 구체적인 실천이야.

일주일에 한 번 걷는 것, 밤마다 일기 한 줄을 쓰는 것, 마음이 흔들릴 때 물 한 컵을 마시는 것처럼. 그런 일들이 마음의 균형을 되찾게 해주는 것이야.

> '삶은 하루하루의 사소한 습관으로 이루어진다.
> 우리는 반복되는 행동 속에서 우리 자신이 된다[8].'

엄마가 말하는 '붙듦'은 흔들리는 감정의 파도 속에서도 배를 가라앉히지 않기 위해 내리는 닻 같은 것이야. 파도와 바람은 어쩔 수 없지만, 닻을 내리는 건 스스로 해야 할 일이지. 물결은 여전히 출렁여도 닻 하나만 잘 내려져 있으면 배는 자리를 잃지 않아. 그것은 어디로 갈지를 정하는 항해가 아니라, 지금 이 자리에서 떠내려가지 않기 위한 작고 단단한 선택이었단다.

애니메이션 '인사이드 아웃[9]'을 보면, 감정은 억제해야 할 것이 아니라 삶의 균형을 이루는 필수 요소라는 걸 알 수 있어. 처음엔

---

8 니코마코스 윤리학, 아리스토텔레스, 숲, 2009. (일부 내용 재구성)
9 인사이드 아웃(Inside Out), 피트 닥터·로니 델 카멘 감독, 픽사 애니메이션 스튜디오, 2015.
 : 슬픔, 기쁨, 분노, 혐오, 두려움 등 인간의 다양한 감정을 인격화해 보여주는 이 작품은 감정이 억제되어야 할 대상이 아니라, 삶의 균형을 이루는 필수 요소임을 전달한다.

방해만 되는 것 같았던 '슬픔'이 결국 가장 깊은 위로와 회복의 열쇠가 되잖아. 슬픔, 기쁨, 분노, 혐오, 두려움 같은 감정들은 억누르기보다 이해하고 함께 살아가야 할 마음이야. 그 감정들이 조화를 이룰 때, 우리는 비로소 온전해질 수 있단다.

'우린 이미 알고 있어. 엎질러진 물은 다시 담을 수 없다는 걸. 조금도 흔들리지 않고 피는 꽃이 어디 있겠니[10].'

붙듦.
이제 엄마는 흔들릴 때마다 몸이 먼저 반응할 정도로 익숙해졌어. 엄마에게 그것은 몰입으로 향하는 문이자, 회복이 다시 시작되는 자리였지. 감정이 거세게 밀려올 때마다 감정과 자신 사이에 작은 거리를 두고 그 틈에서 잠시 숨을 골랐단다. 그렇게 엄마만의 방식을 만들어낸 것이야. 그 준비가 없었다면 엄마는 글을 쓰지도, 산을 오르지도, 마음을 다시 다잡지도 못했을 것이야.

삶은 완전히 치유되지 않아도 괜찮단다. 감정은 흔들리기 마련이지만, 그 안에서 자신을 붙드는 법을 하나씩 배워가면 되는 것이야. 사람마다 방식은 달라도 결국 중요한 건 자신을 지켜내려는 태도야. **엄마는 극적인 해결보다 작고 정직한 반복의 힘을 믿는단다.**

---

10 데미안, 헤르만헤세, 민음사, 2000.

그러니 아이야,

이 편지가 너에게 잠시 숨을 고를 수 있는 틈이 되어주었으면 해. 다시 나아갈 힘은 그렇게 조용한 틈에서 시작되니까. 그리고 언젠가 길 앞에서 머뭇거릴 때, 작은 이정표가 되어주기를 바란다. **감정이 아무리 요동쳐도, 결국 너를 붙잡아주는 건 네 안에 있어.** 너 자신을 붙들 힘이 네 안에 있음을 꼭 믿어야 해.

네 안엔, 언제나 너보다 더 큰 네가 존재한단다.

엄마의 노래

아이야
문득 혼자라고 느낄 때
아무도 너를 사랑한다고 여겨지지 않을 때
고요히 네 마음 구석을 품었다가 항구로
돌아갈 사람 하나

아이야
만약 네가 이해받지 못한 답답함이 밀려올 때
아무리 노력해도 닿지 못하는 결과만 있을 때
조용히 네 가슴보다 더 무너져 바닥에
엎드릴 사람 하나

아이야
무릇 네가 전진보다 후퇴에 지칠 때
아직도 기다리는 소식에 애가 끓을 때
잔잔히 네 심장의 불씨를 댕기기 위해
오늘 잠들지 않을 사람 하나

아이야
몹시 아픈 너의 상처에 딱지 앉는 시간이 더디 올 때
아스라이 사그라지는 들숨날숨에 힘겨워할 때
묵묵히 네 육신을 업고 심중을 태워
오롯이 약이 되어 줄 사람 하나

아이야
어떤 날은 배꼽에서 기도가 멈추지 않았다
머리를 배로 가져가 온몸을 둥글게 말고
네 배꼽으로 흐르는 엄마의 노래를 부른다

더 큰 힘과 은총에 너를 부탁드리니
이제 돛을 달고 항해를 하여라

아무 걱정 말고
어떤 염려 말고

'그냥'의 위대한 가치

하천을 산책하다 작은 물고기들이 물살을 거슬러 올라가려는 것을 보았단다. 물살에 속수무책으로 떠밀려 내려오는 작은 물고기들이 포기하지 않고 계속 올라가려고 용을 쓰는 모습이 기특하다가도 신기하더구나. 자기들이 물살을 거스르는 황어나 연어도 아니면서 왜 저리 작은 몸집으로 감당하기 힘든 물살에 저항하며 상류로 가려고 애쓰는 걸까? 이 물살의 턱을 넘으면 더 많은 먹이를 찾을 수 있을 것 같아서? 왠지 저곳은 지금보다 안전할 것 같아서?

이유는 알 수 없지만, 엄마가 내린 결론은 **'그냥 하는 것!'**이었어. 이 녀석들은 그냥 물살을 거슬러 가는 그것 자체를 목표로 하고 계속 애쓰는 것 같았어. 녀석들 대부분은 상류에 당도하지 않겠니? 그리고는 또 그보다 더 상류로 물살을 거슬러 오르겠지? 그

때는 작은 몸집이 아니라 훌쩍 큰 물고기가 될 테고. 아마 그때 알게 되지 않을까? 그저 '거슬러 오르는 자체'가 목표인 듯 그냥 오를 수밖에 없었던 이유를. 그리고 포기나 후퇴는 아예 생각지도 않았음을.

아이야!
우리의 삶도 물살을 거슬러 올라야 할 때가 있단다. 네가 목표한 것을 위해, 너의 꿈을 위해 말이야. 그 곳이 너의 상류라면 수십 번을 떠밀려 내려가더라도,
왜 가야 하고 어떻게 가야 하는지 묻지 말고
물살을 거스르렴.
세상을 거스르렴.
오늘의 너를 거스르렴.

네가 감당할 수 있어서,
네가 해낼 수 있어서 그런 것이니
그 목표가 있는 상류에서 강하게 너를 이끄는 힘을 믿고 거스르렴.

아주 세차게 말이야. 네가 해야 할 것은 그 물살에 떠밀려 속수무책 흘러가지 않게 너의 움직임, 단 하나의 움직임에만 초점을 맞추는 것이야. 어제보다 한 발짝만 더 나아가고 두 발짝 밀려 내려온 날은 다시 세 발짝 앞으로 나아가야 한다!

아이야! 꿈을 이루기 위해 너에게 쏟아지는 강한 물살에, 휘몰아치는 파도에 휘청이되 포기하진 말아라. 이게 되는 거냐는 의심조차 말아라. 네가 품은 꿈은 너에게 있어서 가보지 않은 불확실 덩어리란다. 불확실하니 될까 말까 의심이 들지. 그런데 **가야 할 길에선 의심할 시간도 아깝다.** 아니 그럴 의미조차 없단다. 이미 목표라는 것이 한 번도 경험하지 않은 것이잖아. 그러니, 될까 말까 의심할 에너지조차도 실행을 위해 쓰렴. 그렇게 직접 목표까지 가보는 것이야.

실행은 실전에 존재하지.
실전은 실패를 전제하고
실패는 실현을 담보하고.

더 많이 실행해야 더 많이 실패하고 더 많은 성공을 가져온단다.
더 빨리 실행해야 더 빨리 실패하고 더 빨리 성공을 맛본단다.

성공한 사람들에게 물어보렴.
확실한 방법을 알아서 의심 없이 목표한 바를 쉽게 이루었는지. 그들이 이룬 성공의 결과물들도 실행 전에는 불확실한 것이었어. '될까?'의 의심이 아닌, '된다!'라는 작심으로 해야 할 일을 정진했기에 무수히 많은 실패를 통해 성공의 길이 찾아지거나 만들어진 것이지. 불확실한 그 길을 빨리 찾기 위해 무조건 실행해 나간 것이야. '당장 시작하고, 진행하면서 수정하며, 마지막에 완벽[1]'해 지는 것이란다. 많은 실패를 거듭했고, 또 그만큼 많은 성공을 해본 성공자들은 늘 이렇게 말해.

무조건 실행부터 하라고!
의심하지 말고 일단 하라고!
완벽해서 시작하는 게 아니라 시작하면 완벽해진다고!
안 될까 걱정하지 말고 그냥 하라고!

아이야, 네가 입시를 치르던 수험생 시절을 생각해 봐. 단 하루의 시험으로 너의 진학과 진로가 결정되니 심장이 터질 것 같은 불안감과 뭔가 잘못될 것 같은 두려움과 원하는 진학을 하지 못할 것 같은 불확실성으로 뒤덮인 그 수험 시절 말이야. 엄마가 시험 언저리 어떤 날 네게 물었지. 어떤 기분이냐고, 어떻게 공부하냐고? 너의 대답은 "그냥 하는 거지 뭐!"였어. 불확실한 수험 생활 중에도 너의 마음가짐은 묵묵히 매일 할 공부를 감당하는 것이었지. 시간이 다가오니 더욱 초집중해서 준비하는 것밖에는 다른 방법이 없었지. 실패에 대해 걱정하는 것조차 사치일 정도로 매일 너는 공부해야 할 곳에 머물렀지. 단 하루의 승부수를 위해 한 치의 의심도 의문도 없이 그냥 전진했지. 그 불확실한 현실이 너를 오히려 강하게 했던 거야.

---

[1] 레버리지, 롭무어, 다산북스, 2017.

누구에게나 도전은 두렵단다. 해보지 않는 일, 가보지 않은 길, 보지 못한 세상에 대한 두려움 말이야. 불확실성이라는 두려움이겠지. 반대로 지금 있는 곳에서 지금 하는 것을 계속한다면, 도전 없이 익숙함이라는 울타리 안에 계속 머문다면, 두려움도 너에게 찾아오지 않겠지? 하지만 절대 그렇지 않아. 아무것도 안 하는 그것이 더 두렵단다. 사람은 뒤쳐질까 봐, 이대로 인생이 정체될까 봐 두려워 해. 왜냐하면, 욕구하고 욕망하는 그곳으로 가고자 하는 것이 인간의 본능이라서. 본능을 거스르는 것이 더 두렵단다!

한번 가보자! 가야 한다! 가자! 라는 정신의 문이 열리면 너의 정신이 그때부터는 너를 진짜 정신없이 만들 거야. 두 다리가 바쁘게 말이야. 두려움은 어느새 확신이라는 옷으로 갈아입고 불확실성은 확실성이라는 신발을 신고 네 손을 잡고서 마구 앞으로 달린단다.

그러니 아이야!
네가 할 것은 '생각이 아니라 행동이 너를 규정[2]'하게 해야 해!
너를 주저하게, 망설이게 만드는 정신은 물리쳐야 해.
일단 해보는 거야.

아무리 위대한 계획이라도 실행되지 않는다면 그것은 단순한 공

---

2 시작의 기술, 개리비숍, 웅진지식하우스, 2019.

상일 뿐이지. 사람들은 흔히 "언젠가 시작할 거야", "준비가 되면 할 거야"라고 말하지만, 가장 중요한 것은 지금 행동하는 것이야. 완벽하지 않아도 된다. 시작이 서툴러도 상관없다. 중요한 것은 행동하면서 길을 만들어 가는 것이야. 생각에 머무르지 말고, 앞으로 나아가거라.

너의 행동이 곧 너의 정의야.
행위는 존재로 드러나니까.

세계 신기록을 11번이나 경신한 김연아의 피겨스케이트 대회에서의 그 완벽하고 아름답고 정교한 기술을 볼 때면, 그녀는 스포츠를 저리 아름다운 예술로 승화하기 위해 무던히도 노력했겠구나 싶었단다. 어느 날 운동 연습을 하는 어린 김연아에게 '무슨 생각을 하면서 운동하느냐'고 기자가 질문했지. 그녀는 피식 웃으며 "무슨 생각을 해, 그냥 하는 거지!"라고 쿨하게 대답했어. 힘들다는 생각, 안된다는 생각, 두렵다는 생각. 이런 생각이 지배하지 않게 차가운 얼음 위에서 넘어지고 일어나고 또 넘어지고 또 일어나기를 반복해 온 그 모든 시간이 김연아의 머리끝부터 발끝까지 채워져 결국에는 세계적인 선수가 되었지. 꿈을 향해 그녀가 매일 수십 번 수백 번의 동작을 해내면서 오늘 할 일을 그냥! 무던히 했기 때문일 거야. 못하면 어떡하지, 안되면 어떡하지라는 의심을 하지 않고 그냥 매일 해야 할 일을 해냈기 때문에 가능했던 거야.

그것이 바로 키에르케고르가 얘기한 '비약이 보행[3]'이 되는 것이란다. 계속 점프하고 또 점프했을 때 그것이 자연스러워지는 과정. 무수한 '그냥'이 이룬 기적은 바로 남들에게 비약으로 보이는 그것이 보행이 되는 것이야.

운동을, 공부를, 악기를, 글쓰기를, 모든 네가 하고 싶은 것들을, 네가 해야 한다고 규정했다면, 가장 잘하는 방법은 하루라도 빨리, 한 번이라도 더 많이 실행으로 옮기는 거야. **수백 번의 생각이 아니라 단 한 번의 행동**으로 너의 목표를 규정하거라!

> '목표를 위한 행동이 없는 하루는 소모의 하루이며
> 목표를 향한 행동이 있는 하루는 투자의 하루란다.
> 거대한 우주의 시선으로 하루살이처럼 살아라[4].'

우리가 다이어트를 결심할 때 '내일부터는 운동해야지, 내일부터는 식단 조절해야지'라고 선언하고 시작한다면, 그 내일이 되었을 때 어떻게 되겠니? 그 대단한 결심은 식어. 또 내일부터 해야 한다고 미루게 되고, 결국은 목표를 이루지 못하는 경우를 우리는 아주 흔하게 경험도 했고 보기도 했지?

---

3 키에르케고르 선집, 쇠렌키에르케고르, 집문당, 2014.
4 엄마의 유산, 김주원, 건율원, 2024.

하고자 하는 마음을 먹었다는 것은 네가 있어야 할 곳과 가야 할 곳을 알아냈다는 거야. 너의 미래가 너에게 찾아온 것이지. 그러니 하루도 주저하지 말고 바로 즉시, 그 곳으로 네 걸음을 옮겨야 한다. 그래야 '마음먹었다'는 너의 그 온전한 에너지가 너를 움직이게 할 것이야. '내일 해야지', '다음에 시작해야지'와 같이 너의 걸음을 방해할 마음에게 너는 명령하거라.
'지금 당장 시작하자!'고.

쇠뿔도 단김에 빼라고 하지. 바로 지금 실행하라는 표현으로 쓰는 속담인데 소의 뿔을 달아오른 김에 빼버리란 의미지. 옛날에 소로 농사를 지을 때, 뿔로 받으면 위험하니 뿔을 뽑았다고 해. 그냥은 안 뽑히니 뿔을 뜨겁게 열을 가하여 달구어지면 뿔이 부드러워져 그럴 때 즉시 빼는 거야. 미적거리다 열이 식으면 다시 굳어져서 빼기 힘들어지니깐. 열이 올라 부드러워졌을 때 그때 바로 실행하는 거지. 그러니 기회가 왔을 때 한창 열의가 뜨거울 때 망설이지 말고 곧바로 실행해! 네가 무엇이든 하고 싶은 것이 생기고, 삶의 목표가 생기고, 꿈이 생겼을 때 그때가 바로 너의 '단김' 상태야.

그 열이, 열기가, 열정이 식기 전에 바로 실행하거라!
정신이 아니고 행동으로 오늘도 너를 규정하거라!
바로 즉시!

자, 그럼 '그냥'이 왜 비약이 보행이 되는지 이성적으로 따져볼까?

첫째, 양이 채워져야 질적 승화가 일어나기 때문이야.
물이 제아무리 뜨겁게 끓어도 99℃에선 기체가 되지 않아. 100℃, 임계점이 되어야 액체가 기체로 바뀌지. 열의 양이 액체를 기체로 차원을 달리 변화시키는 것이야. 매미도 땅속에서 7년을 숨죽이고 기다려야 땅 위로 올라갈 수 있어. 시간의 양이 채워져야 땅속에서 땅 위로, 벌레에서 날개 달린 곤충이 돼. 나비도 번데기 시절을 거쳐야 날개를 달아. 모든 차원의 변화는 양이 우선 채워져야 한단다. 초등학교 공부의 양이 채워져야 중학교, 또 그렇게 고등학교, 대학교. 공부의 양, 시간의 양이 쌓여야 다른 차원의 너로 성장하는 것이야.

네가 새로운 것을 공부할 때, 처음엔 뭐가 뭔지 전혀 알 수 없던 것들이 '그냥' 했던 공부의 양이 쌓이면서 어느새 그 어려운 수학 문제도 풀리고 전혀 안 들리던 영어도 들리지. '천하의 어려운 일은 반드시 쉬운 일에서 시작되고, 천하의 큰일은 반드시 작은 일에서 시작[5]'된단다. 이러한 원리에 의해 네가 이루고자 하는 목표가 있다면 '그.냥.하.는.' 작은 행동의 양이 쌓여야 해. 결국 너의 목표는 '그냥 하는 행동'의 양이 결정하는 것이야.

---

5 도덕경, 노자, 휴머니스트, 2018.

둘째, 아무것도 하지 않으면 아무 일도 일어나지 않기 때문이야.
자, 반대로 생각해 보자. 무엇이든 하면 무슨 일이라도 일어나겠지? 그러니까 '그냥' 하면 무슨 일이라도 일어난다고. 실패라는 경험이라도 맛보고, 그 양이 쌓이면 쌓일수록 너는 목표를 손에 쥐는 시간에 가까워지는 것이야. 뱃살을 빼겠다고, 성적을 향상시키겠다고, 부자가 되겠다고. 모두가 맘을 먹지만 아무것도 하지 않으니 아무 변화가 없는 것이야. 하지만 결과를 이룬 자들을 보렴. 뭐라도 한단다. 그러면 무슨 일이라도 일어나니까 '그냥' 해야 해. '세상에 1% 정도밖에 안 되는 사람이 할 수 있는 게, 결정한 것을 지금 당장 한다'[6]고 해. '그냥'의 놀라운 힘이지!

지혜로운 사람이 되고 싶지? 아리스토텔레스도 '실천적 지혜(practical wisdom)'[7]를, '가변성 전문가(volatility specialist)'인 나심 탈레브[8]도 '실천적 자아(practical self)'를 강조했어. 지식이 지혜가 되기 위해서 실천(practical)이 전제되어야 해. '해봤더니' 알 수 있는 것들이 바로 너의 경험으로부터 나오는 거야. 경험이 쌓이면 너의 새로운 도전은 분명 결과로 이어진단다.

셋째, 인식으로 미래를 재단할 수 없기 때문이야.
정주영 회장은 사람들이 "안 된다"고 하면 항상 "이봐, 해봤어?"

---

6 가장 빨리 부자 되는 법, 알렉스베커, 유노북스, 2021.
7 니코마코스 윤리학, 강상진,김재홍,이창우, 도서출판길, 2011.
8 스킨인더게임, 나심니콜라스탈레브, 비지니스북스, 2019.

라고 되물었어. 해보지도 않고 이런저런 이유로 안 된다고 단정 지어버리는 사람들의 인식을 깨주는 일화지. 그리고 일단 불가능해 보이는 것도 시작하다 보면 가능성이 열리는 경험을 직접 하게 했던 것이지.

가능성은 과거에는 없어. 미래에만 있지. 과거의 인식에는 등장하지 않아. 이것이 과거에 하다하다 안된 기억이 있다 하더라도 일단 해봐야 하는 이유야. 그러니 너의 인식으로 네가 펼칠 무한한 가능성의 미래를 재단하지 말아라. 옳은지 그른지 판단하지 말고 그냥 해!

> '선택하는 모든 상태는 잘못된 것이 없습니다.
> 그 선택하는 모든 상태는 다 옳지만,
> 그 선택에 우리가 관여하게 되면
> 실행되는 과정에서 옳고 그름에 대한 현상이 생깁니다.
> 세상은 당신의 명령을 기다리고 있습니다[9].'

아이야, 시작에는 무조건 끝이 있단다. 그러니 가능성으로 너를 진입시키렴. '실행이 곧 존재다(To do is to be)[10].' 실행을 해야 그것에 따른 결과가 오는 것이야. 우리는 때때로 '언젠가'라는 말

---

9 세상은 당신의 명령을 기다리고 있습니다, 네빌고다드, 서른세개의 계단, 2009.
10 Ping, 스튜어트에이버리골드, 웅진윙스, 2006.

을 사용하며 미래를 꿈꾸지 '언젠가 성공해야지.', '언젠가 더 나은 삶을 살아야지.' 하지만 언젠가는 오지 않아. 시작하지 않으면 시간은 그냥 흘러가고, 변화는 일어나지 않아, 시작이 없으면 과정도 없고 과정이 없으니, 결과도 없어. 실행이 곧 존재라는 말은 우리가 원하는 삶을 살기 위해서 지금 실행을 시작하라는 의미야.

'무언가가 되고자 한다면, 반드시 무언가를 행해야 합니다.
그것이 우리가 이 세상에 보내진 이유입니다.
살아있는 존재라면 누구든 무한한 가능성을 가지고 있으며,
세상이 주는 무한한 열매를 받을 자격이 있습니다.
자신이 가진 재능을 바탕으로 훈련과 실행을 통해
진정한 기술을 성취하는 일,
그렇게 무장이 되었을 때 세상에 꺾이기보다
그것과 함께 흘러가는 법을 알게 됩니다[11].'

도전은 시작이고, 시작은 끝을 향한 첫걸음이야.
끝을 보고 싶다면, 일단 시작해야 해.
망설임은 시간을 잡아먹고, 기회를 놓치게 만들지.

빨리 시작해서 빨리 끝내자!

---

11 Ping, 스튜어트에이버리골드, 웅진윙스, 2006.

넷째, 에너지의 총량 때문이야.

운동은 에너지야. 네가 무엇을 하든 네 에너지는 소진돼. 모든 것에 총량이 있듯 에너지도 총량이 있단다. 고민하든 행동하든 어디로든 에너지는 쓰여. 자, 어디로 사용하는 게 발전적일까? 어디로 에너지를 소진해야 소모가 아니라 투자일까? 네가 도전할 때 왜 해야 하는지를 고민하고 또 어떻게 할지를 고민하는 그 시간에 일단 할 수 있는 것들을 채워. 고민은 너의 실행에 걸림돌이 되고 잘못된 고민은 너의 실행을 막기도 해. '빠르게 성공하려면 고민하는 시간보다 실행하는 시간을 늘려야[12]' 한단다. 일단 시작하렴. 마치 게임처럼 일 단계 미션이 완수되면 다음 미션이 너를 기다리니까. 너의 미션이 달성될 때마다 왜 하는지 어떻게 하는지는 순리처럼 따라와. 그러니 고민할 시간에 일단 실행하자.

"자! 이제 시작!"하고 한 걸음 뗐다면 이제 필요한 건 반복이란다.
'그냥의 반복',
즉 **꾸준함**이지.
한순간의 느낌, 충동으로 하는 실행이 아니고, 느리더라도, 답답하더라도, 알아주는 사람 하나 없어도 꾸준하게 너를 기다리는 미래의 너에게 다가가거라.
그냥은 곧 꾸준함이란다.

---

12 가장 빨리 부자 되는 법, 알렉스베커, 유노북스, 2021.

얼마 전에 엄마 회사에서 직원들 대상으로 '90일 challenge'라는 행사를 열었어. 본인이 목표하는 바를 위해 매일 실행하고 실행한 기록을 단체톡방에 인증하고 함께 참여하는 직원들과 서로 응원하며 끝까지 성공한 직원들에게 포상하는 행사였는데, 어떤 이는 운동을, 어떤 이는 밀가루 안 먹기를, 어떤 이는 매일 독서를... 참 다양한 도전이 있었어.

회사는 왜 회사 업무와 관련 없는 이런 개인적인 90일 도전 행사를 기획했을까? 많은 사람들이 한다고 마음만 먹고, 시작조차 하지 않거나 작심삼일로 끝나버리는 경우가 많아. 그렇게 혼자서 못했던 각자의 습관 만들기를 '90일 Challenge'라는 틀을 만들어 함께 하루하루 실천하다 보니 진짜 90일간 유지가 되었고 다짐했던 실행이 매일 완수되니 도전한 사람들의 성취감은 이루 말할 수가 없었어.

시작하면 되더라.
그냥하면 되더라.
꾸준하면 되더라.

이 도전에서 성취를 경험한 직원들은 업무에서 아무리 복잡하고 머리 아픈 일도 하나씩 해결해 나가기 시작했어. 오늘 일을 내일로 미루지 않고 일단 실행, 오늘 꼭 실행! 정신으로 연결되더라고.

그래서 엄마 회사에서는 개인의 성취가 업무로 연장된다는 것을 확신하지. 쉽게 포기하던 것들이 매일 하다 보니 습관이 되고 이 작은 성취 경험이 더 큰 도전도 할 수 있는 경험이 되고, 개인의 성취가 조직의 성취로 이어지는 선순환을 가져오더라.

저 사람처럼, 저렇게 되고 싶다고들 하지? 그러면 그 사람이 해왔던 과정도 해내야만 하는 것이야. 우리가 아는 세계 최고 부자, 최고의 스포츠 스타, 꿈을 이룬 모든 사람이 천부적 재능만 믿고, 어쩌다 운이 좋아서 그렇게 된 게 아니라는 것쯤은 알지, 머리에 있는 생각을 네 안에 가두지 않고 꺼내서 행동으로 실행했기에, 그것도 아주 꾸준히 실행했기에 가능했을 것이야. **누구나 할 수 있는데 아무나 못 하는 이유가 '그냥' 하는 정신이 부족하거나 없기 때문**이 아니겠니? 이루고자 하는 큰 목표, 그 목표와 꿈을 위해 매일 해야 할 '그것'을 해냈던 성공자들처럼 너도 '그냥' 하면 돼.

나무의 나이테는 봄과 여름에는 성장이 빨라서 밝고 넓은 층(춘재, Springwood)을 만들고 가을과 겨울에는 성장 속도가 느려서 어두운 색의 좁고 단단한 층(추재, Latewook)을 만들어내. 이렇게 밝고 어두운 부분이 반복되면서 하나의 나이테가 만들어지는 것이란다. 덥다고, 춥다고, 비 온다고, 눈 온다고, 천둥이 친다고, 비바람이 분다고, 또 어떤 타협의 순간이 오더라도 멈추지 않고 속도 조절을 하면서 꾸준히, 천천히, 단호하게 테를 만들어.

네 실행도 나무의 나이테처럼 어떤 때는 달리기도 하고 어떤 때는 천천히 걷기도 하면서 너의 실행을 조절하면 돼. 절대 멈추지만 말고, 너의 속도로 꾸준히, 될 때까지 단호하게 해. 그렇게 너만의 나이테를 만들어라.

'사랑하면 방법을 찾나니 그러하지 않으면 핑계를 찾는다.'
엄마가 이 자리까지 오게 해준 엄마 삶의 모토야. 무언가를 선택해야 하는 상황에 빠른 판단을 하게 해주었어.

하고자 하면 어떤 상황에도 할 방법을 찾아내,
하고자 하면 힘든 상황에도 가야 할 길이 생겨.
하고자 하지 않으면 안 할 이유를 찾아내,
하고자 하지 않으면 가야 할 길이 사라져.

너에게 온 너의 꿈을 사랑한다면 너의 할 일들이 가치 있어진단다. '사랑하면 방법을 찾나니, 그러하지 않으면 핑계를 찾는다'는 것을 늘 마음에 새기며 살길 바란다.

자꾸 무언가 핑계를 대려는 너에게 명령해.
너의 목표를, 꿈을 사랑하라고!
그러면 길이 보이고, 방법이 생기고 분명 어떤 상황에도 너를 실행시킬 힘이 생긴단다.

무언가를 '하고자 한다면' 분명
그 '무언가'에는 '방법'까지 담겨 온단다.
지금 네 머리가 아닌, 네가 '원하는 무언가'에 방법이 있어.

그러니,
실행해!
'그냥'의 힘으로!

감정도 계산이야

아이야, 네가 대학교에 입학하고 얼마 되지 않아 감정이 복잡하다고, 감정의 실체를 모르겠다고 했을 때 드디어 너와 깊은 대화를 나눌 순간이 왔다고 직감했어. 앞만 보고 달려야 했던 고등학교 시절엔 감정을 억제할 수밖에 없었잖아. 중요한 시험에서 답안을 밀려 써도, 친구와 갈등을 겪었어도 다음 시험을 위해 애써 감정을 억눌러야 했어. 가장 감성이 풍부한 시절에 감정은 불필요한 물건처럼 소홀히 방치되었어. 그래서 네가 감정이 복잡하다고 했을 때 사실 반갑기도 했어. 비로소 네가 감정을 다루는 법에 대해 진지하게 알아갈 준비가 된 거 같아서 말이야.

'모든 부정적 감정은 생존에 대한
근본적 두려움과 관련이 있으며

모든 감정이란
마음이 생존에 필요하다 믿고 있는 프로그램이다[1].'

감정은 '생존과 재생산을 위한 계산에 기반을 둔 것[2]'이라고 해.
계산?
감정이 생존과 생산을 위한 계산이래!
유발하라리와 데이빗호킨스와 같은 저명한 두 학자가 감정이 계산이라고 하니 믿어야겠지?
그러니까 이 말은,
감정은 정신의 지배를 받는다는 의미가 아니겠니?

엄마는 뱀을 정말 무서워하잖아. 그 두려움은 뱀이 엄마를 해칠 수 있다는 뉴런[3]의 계산에서 나왔고 생존을 위해 두려움이라는 감정이 왔다는 거야. 그런데 그 계산이 순식간에 일어나는 이유로 우리가 깨닫지 못하고 있는 것이란다. 감정이 생존에 필요한 계산과 프로그램이라면 우리에게 감정이 오는 것은 당연한 이치이고 어쩌면 고마운 일이야. 우리를 위험으로부터 보호하기 위해 오는 것이니까.

그런데 감정은 생존을 위해 위험을 알리는 것 외에 또 다른 중요

---

1 놓아버림, 데이빗호킨스, 판미동, 2013.
2 21세기를 위한 21가지 제언, 유발하라리, 김영사, 2018.
3 신경계를 구성하는 기본 단위인 신경 세포.

한 일을 하러 온단다. 그걸 알려면 조금 더 복잡한 **감정의 속성**을 알아야 해. 더 치밀한 계산이 필요하단다. 기억, 에너지, 이면. 이 셋은 감정의 계산에서 빠뜨릴 수 없는 변수지.

감정은 과거의 기억과 연관되어 있어.
누군가 물에 빠진 기억이 있다면 물에 대한 공포는 기억 속에 저장돼. 그래서 물에 들어갈 상황이 생기면 두려움을 느끼지. 그런데 물 자체가 무서운 것은 아니잖아. 단지 '무섭다'는 나의 기억, 즉 경험이 물을 무서운 감정으로 바라보게 만드는 것이지. 이렇게 과거의 '관성화된 생각 덩어리[4]'를 '인식'이라고 해. 우리에게 어떤 감정이 온다면 과거의 '인식'으로부터 저장된 '기억'때문이야. 만약 네가 답안지를 밀려 쓴 악몽 같은 기억에 사로잡혔다면 '시험'이라는 자체를 두려워하고 거부하게 되었을 수도 있어. 시험지만 받으면 엄청난 긴장감과 두려움 때문에 집중할 수 없는 패닉 상태가 되기도 했겠지. 이렇게 인식은 사실이라 할지라도 본질을 보지 못하고 감정으로만 저장된단다. 그러니 **인식에 의존해 인식만으로 판단하지 않도록 조심하렴.**

> '인식은 높이 올라가면 갈수록
> 점점 더 일종의 비인간적인 지식이 되고,

---

[4] 엄마의 유산, 김주원, 건율원, 2024.

인간의 자아는 그것을 획득하기 위하여 소모된다[5].'

감정은 에너지야.

분노나 화, 기쁨, 사랑, 두려움, 슬픔 등 우리에게 오는 감정을 생각해 봐. 화가 나면 고함을 지르기도 하고 분노에 휩싸이면 책상을 쾅 내리치기도 하잖아. 기분이 좋을 땐 기쁨의 함성을 지르고 박수를 치기도 해. '감정은 진동하는 에너지의 장을 방출[6]'한단다. 그러니까 감정은 에너지의 장(場)을 만들고 그 크기도 키워.

이렇게 에너지는 보이지 않지만 우리의 행동으로 표현되고 그 행동으로 인해 더 확대된단다. 너는 어땠니? 화가 나서 고함을 지르고 나면 어땠어? 화가 가라앉았니? 오히려 더 분노하게 된 경험은 없니? 화가 분노로 이어지는 것이잖아. 대개 화를 내고 나면 화의 에너지가 더 커져서 조절할 수 없는 순간이 있어.

이렇게 '어떤 감정을 표출하면 그 감정은 증식되면서 더 큰 에너지[7]'로 확산된단다. 우리는 작은 일에도 발끈하고 화를 내고, 화는 또 다른 문제를 불러오지. 반대로 기분이 좋을 때는 평소에 화가 날 일도 웃으며 넘기게 되고 너그러워져. 감정도 비슷한 에너지를 불러 '끼리끼리' 모이는 거지.

---

5 키에르케고르 선집, 쇠얀키에르케고르, 집문당, 2014.
6 놓아버림, 데이빗호킨스, 판미동, 2013.
7 놓아버림, 데이빗호킨스, 판미동, 2013.

감정은 대립된 이면을 가지고 있어.

위와 아래, 밝음과 어둠, 탄생과 죽음, 남성과 여성 등 대부분의 개념은 대립 쌍을 이루고 있지. 공기, 우주, 물, 산과 같이 단 하나로서 존재하는 것 외에는 모두 대립 개념이 있단다. 감정도 마찬가지야. 가장 명확하게 구분되는 것이 부정감정과 긍정감정이잖아. 부정의 감정 뒤에는 긍정을 원하는 욕구가 숨겨져 있어.

데이빗호킨스의 의식지도(그림1[8])를 보면서 설명할게.
개인이 지닌 감정, 지각, 태도, 세계관, 영적 신념과 상관있는 다양한 감정들 가운데 207점대가 인류 평균 감정대야. 그렇다면 우리 주변도 평균 정도로 감정에너지장이 펼쳐져 있겠지? 그리고 인류의 85% 정도는 200점 이하로 에너지가 흐른대. 수치심, 죄책감, 불안, 경멸 같은 감정들이 우리 주변을 지배한다고 볼 수 있지.

또한 500점 이상은 세계 인구의 4% 정도, 600점 이상은 0.1%밖에 안 된대. 하지만 엄마 주변에 책을 읽고 글을 쓰는 분들은 늘 형언할 수 없는 경외심과 이해, 사랑을 매일 뿜어내고 있어. 어쩌면 600점 이상, 0.1%에 해당하는 분들이라고 할 수 있을 것 같아. 에너지는 장을 만들어 진동하고 파장되니까 엄마는 그분들과 함께 머물면서 엄마의 평균에너지를 끌어올리고 있단다.

---

8 의식혁명, 데이빗호킨스, 판미동, 2011.

수준	로그	감정
깨달음	700-1000	형언할 수 없는
평화	600	지복
기쁨	540	평온
사랑	500	경외
이성	400	이해
수용	350	용서
자발성	310	낙관주의
중립	250	신뢰
용기	200	긍정
자부심	175	경멸
분노	150	미움
욕망	125	갈망
두려움	100	불안
슬픔	75	후회
무감정,증오	50	절망
죄책감	30	비난
수치심	20	치욕

〈 그림 1. 데이빗호킨스의 의식지도 〉

의식지도의 굵은 선을 중심으로 위아래를 보렴.

감정은 긍정과 부정이 모든 사람에게 공존해. 신뢰로 이어지기 위해 미움이 필요하고 낙관적이기 위해 불안한 것이며 용서하기 위해 후회가 필요해. 이렇게 모든 긍정의 감정 이면에는 부정이 내재되어 있고 부정의 감정을 딛고 긍정의 감정이 잉태되는 것이란다. 이렇게 **감정도 '이면'을 가지고 있다는 것은 부정적인 에너지의 긍정적인 에너지로의 변화를 보여주고 있는 것이야.** '두 가지 대립적인 것이 이렇게 서로 밀접하게 의존하고 있다는 것은 모든 양극성의 이면에 통일성이 있다는 사실[9]'을 이해해야 해.

---

9 몸은 알고 있다, 뤼디거달케, 이지엔, 2006.

자, 네가 새로운 도전 앞에서 두려울 때, 어떻게 해야겠니?
두려움 이면에 뭐가 있다고 했지? 두려움 수준에서는 '불안'이라는 감정이 동반되니까 너는 계산을 하는거야. 저 위의 표를 보고 계산! 계산해 봐. 너의 지금 상태와 수준을 '수용'하고 '이해'하고 '이성'적으로 '해석'하는 것이야. 네가 불안하고 두렵다는 것은 이해와 해석이 필요하다는 메세지야. 분명 두려움을 느끼기 전보다 더 온전히 너를 경외하고 평온을 느낄 수 있을 거야. 이렇게 감정은 정신으로 계산하고 너를 훈련시키는 아주 귀한 선물과도 같은 존재란다.

그래서, 부정적인 감정이라도 왜 우리에게 오는지 이유를 알 수 있게 되는 것인데 예전에 엄마에게 시련이 닥쳤을 때 엄마는 잠시 깊은 굴을 파고 숨어버렸어. 엄마가 더 깊이 굴을 파고 들어갈수록 어둠은 짙어졌고 좌절감과 무력감은 강해졌어. 어둠 속에는 엄마의 문제를 객관적으로 관찰할 수 있도록 밝혀주는 빛이 없었어. 그러다 문득, 빛을 찾아 '바깥'으로 나가야겠다는 생각이 들었지. 어떤 마음에서 그런 생각이 들었는지 모르지만 굴 밖으로 나온 엄마는 상황을 객관적으로 해석하고 문제를 해결하기 위해 적극적으로 움직였단다. 나중에 인문학을 공부하고 나서 엄마를 어둠 속에서 구출해 준 것이 **의식(Consciousness)**'이라는 것을 알게 되었어.

'의식은 자신의 인식 그 자체를 인지하는 것에서 발생한다. 의식이란 쾌감이나 고통과 같은 일차적인 감각의 경험이 아니고 그 경험에 대해서 유심히 생각하는 것이며, 당연한 상황이나 기억 속의 경험과 느낌 그 자체를 생각하는 것이다[10].'

그러니까 '의식'은 좌절감과 무력감의 인식에 매몰되어 있는 엄마를 스스로 인지하게 해준 거야. 그래서 현재의 상황과 감정을 파악하고 행동할 수 있게 도와준 것이지. 원래 '의식의 기원이 동물들에게 반드시 필요한 공간감지 능력, 자신의 상대적 위치를 파악하는 능력[11]'이라고 해. 가젤이 어떻게 저 멀리 숨어 있는 표범의 움직임을 느낄 수 있겠니? 그건 공간 감지 능력과 상대적 위치 파악 능력 때문이겠지? 포식자나 환경으로부터 자신을 지키기 위한 본능이야. 나의 상대적 위치를 파악하려면 '나'의 '바깥'에서 '나'의 '안'을 들여다봐야 하잖아.

이처럼 의식은 인식 속에 있는 것이 아니라 멀리서 나를 들여다보게 해주는 정신활동이야. **의식은 너 자신을 객관적으로 관찰하고 파악하여 꼭 네게 필요한 행위를 할 수 있도록 너를 지켜준단다.**

---

10 생물학 이야기, 김웅진, 행성B이오스, 2015.
11 생물학 이야기, 김웅진, 행성B이오스, 2015.

네가 얼마 전 "요즘 스마트폰을 너무 많이 보는 것 같아 책 좀 빌려보려고요."라고 엄마에게 말했잖아. 그게 바로 너의 **행동을 바깥에서 보고 자각하게 만든 의식**이란다. 그리고 스마트폰 대신 책을 봐야겠다는 행위를 유도한 것이지. '의식'은 바꿔야 할 감정과 대상을 정확하게 인지하게 해줘. 그래서 과거에 머무는 것이 아니라 현재를 넘어 미래에서 나를 바라보게 해준단다.

**과거로부터 현재를 바라보지 않고
바라는 미래로부터 현재를 바라보는 시선!
이것이 '의식의 눈'으로 바라보는 것**이야.

'의식에 의욕이 없는 사람은
삶에 빈곤한 여건을 끌어들이고,
의식에 번영이 가득한 사람은
삶에 풍요를 끌어들이는 것이 일반적인 법칙이다[12].'

앞서 감정은 에너지로 움직인다고 말했잖아. 그래서 '감동(感動)', 움직일 동(動)자를 쓰는 거야. 감정은 에너지로 움직여. 그래서, 감정은 움직이니까 다른 종류로 변환이 가능해. 부정적인 에너지에서 긍정적인 에너지로 변환할 때 그 시작이 의식부터야. 의식의 힘을 키우면 부정적인 감정을 긍정적인 감정으로 바꿀 수 있어. 이

---

12 놓아버림, 데이빗호킨스, 판미동, 2013.

것을 단계별로 알려줄게.

첫째, **수용해.**
감정은 생존에 필요하다고 느껴서 온 것이라고 했지?
그러니 거부하거나 억압하지 말고 수용하렴.

감정은 모든 사람에게 오.는. 것이야. 부정이든 긍정이든 계속해서 너에게 등.장.해. 창문을 열면 들어오는 바람처럼 크고 작은 감정들이 들어 왔다 또 나가지. 어떤 날은 시원하고 고마운 바람이 들어오고 어떤 날은 매섭고 세찬 바람이 들어와. 또 어떤 날은 실크 커튼을 살짝 날리는 감미로운 바람이 들어오기도 해. 계속 머무는 바람은 없으니 바람이 들어온다고 해서 걱정하지 않아도 돼. 그대로 두고 신경 쓰지 않으면 어느 순간 바람을 느끼지 못하게 된단다. 바람의 세기를 조절하려고도 하지 말고 바람을 피하려고도 하지 마. 그대로 두렴.

뭐든 오는 것을 거부하려고 할 때 가장 힘든 법이야. 감정이 오는 것은 순리인데 순리를 거스르려고 하면 마음이 괴로워진단다. 우리가 범하는 오류는 현상을 만났을 때 감정을 억누르려고 한다는 거야.

앞서 말했듯 감정은 에너지이야. 거부한 에너지는 분명 어딘가에

응축되어 언젠가 터지게 된단다. 세찬 바람이 불어오는 걸 막으려고 억지로 창문을 닫았을 때 바람이 결국 창문을 깨뜨려 버리는 것처럼 감정도 압력을 견디지 못하고 폭발하는 것이야. 오히려 창문을 살짝 열어 바람이 들어오게 하고 맞은편 창문을 열어 바람의 길을 내지. 감정도 들어오면 앞서 의식지도에서 본 것처럼 반대편 감정을 의식적으로 열어 봐.

감정을 거부하거나 억압하지 말고 수용하렴. 이러한 **감정수용은 감정이 자연스럽게 머물도록 하는 감정허용이자 감정머묾이야. 단, 자리를 내어주는 것이 아니라 의도적으로 무관심하거나 통로를 만들어 주는 것이야.** 결국, 자발적 무관심은 회피가 아니라 감정에 매몰되어 너를 뒤흔들지 않게 해줄 '감정의 주도권'이자 '감정의 소유권'이란다.

둘째, **관조해.**
'의식의 눈'으로 너를 바라봐.
너에게서 멀어져 전체를 바라보는 시선으로 네 모습, 일어난 현상을 바라보자.

'어떤 것을 살펴보는 것은 자기 자신에 대해 깨닫는 지름길이다. 살펴보는 것은 그 대상의 속성을 변화시킨다. 왜냐하면 그것은 빛, 즉 의식을 어둠 속으로 불러 들이기 때문[13]'이야. '지금 나의 상황은 이렇구나' 하며 사실적으로 바라보고 그래서 '내 감정이 이렇구나'를 객관화시킬 수 있어. '그래, 지금 나는 이렇구나' 하고 말해보렴. 관조의 시선으로 바라본다는 것은 인식에 갇혀 네 마음이 왜소해지는 것을 막을 수 있어. 부정성을 수용하고 긍정성을 향해 네 감정을 이끌 수 있어.

대학교에 진학해 잘 해내고 싶었는데 첫 시험을 망치니 두렵고 회피하고 싶은 마음도 들었지? 이제 두려움과 불안을 수용하고 너를 '의식의 눈'으로 바라보자. 미래로부터 현재를 보는 시선, **관조**지. **관조의 시선**이라면 너의 두려움은 자신감으로 바뀌어 회피를 재도전으로 변화시킬 수 있을 거야.

아이야, 엄마도 엄마의 선생님에게 '의식의 눈'으로 바라보는 것을 배우며 실천하고 있단다. 힘들다는, 소용없다는 목소리가 들린다면 과감하게 귀를 막아라. 대신 **"내 안에는 더 큰 내가 있어."**라는 네 속의 외침을 순순히 받아들이렴. 바로 그것이 '관조의 소리'야. 아주 깊은 심연의 소리(Silence Sound)이기도 하지. 그 순간 의식이 인식을 이기고 네겐 적극적이고 긍정적이며 열정적인 에너지가 샘솟는 것을 느낄 거야. 그렇게 너는 과거가 아닌, 미래로, 가능성의 세계로 널 움직이게 할 수 있어.

---

13 몸은 알고 있다, 뤼디거달케, 이지엔, 2006.

셋째, 자각해.

자각(自覺). 깨달을 각(覺).

그저 아는 것이 아니라 깨달으라는 말이란다.

너에게 부정적인 감정이 왔을 때 그 감정이 온 이유를 찾아봐.

그 감정을 유발한 현상과 현상의 이면까지도 관찰하렴. 그래서 앞서 말한 '수용한 감정'을 파악하고 지금의 현상이 왜 일어난 것인지 네 자신에게 해석해주렴. '영화 〈스타워즈: 제국의 역습〉에서 요다[14]'의 유명한 대사가 있어. '두려움을 없애려면 그것에 이름을 붙여야 한다.' 추상적인 감정에 구체적인 이름을 붙여주는 것은 스스로 자각하게 하는 소중한 과정이란다. 가령, 우리가 키우던 고슴도치에게 '고슴도치야' 하고 부르는 것보다 네가 이름을 지어주고 '솜이야' 하고 부르면 더 귀하지? 더 유일하지? 또, 흔히 '야!'라고 부를 때 기분 나쁘지? '야!'라고 부르지 말고 이름을 부르라고 하지? '이름'은 정체를 대변해. 이렇게 감정에도 이름을 붙여 준다는 건 정확한 감정의 정체를 파악해서 너만의 '해석'을 시작한다는 의미야.

네게 오는 것 중에서 무의미한 것은 없어. 너의 감정과 현상의 이면은 너의 해석에 따라 다른 의미를 부여받는단다. 너의 첫 시작에 두려움이 왔다면 용기와 자신감을 키울 기회를 주기 위해 온

---

14 스타워즈(1980) : 어빈 커슈너 감독, 루카스필름, 요다는 강력한 작은 녹색 인간형 외계인이다.

것이야. 네가 그것을 행위로 실천하고 나면 두려움은 사라진단다. '감정은 일을 하러 온 것이고 감정의 역할을 다하고 나면 갈 길을 간다[15].' 엄마는 이 명제가 네가 감정을 지배적으로 이끌 수 있는 기본 마인드라고 생각해.

보이는 현상만 보지 않고 보이지 않는 이면까지 해석하려는 노력은 이 명제를 마음에 품고 있을 때 가능한 것이란다. 그래서 너에게 이 편지를 꼭 쓰고 싶었던 이유이기도 해. '네가 해석으로 이해해야 하는 것은 '현상'이 아니라 '현상 이면에 숨겨진 자연의 의도[16]'이길 바란다.

이러한 '해석'으로 네가 감정이 온 이유를 '자각'하는 순간 감정은 자신의 역할을 다했다 판단하고 스스로 떠날 거야. 그러니 부정적인 감정의 바람이 불면 감정에 지배당하지 말고 자각하렴. '감정이 역할을 하러 왔구나', '나를 키우려 왔구나', '문제를 기회로 만들어야겠구나' 하고 감정수용과 감정머묾을 통해 감정통로를 만들어주렴. 그러면 네가 바라던 일의 결과만 네게 남을 것이란다. 감정의 신호를 무시하지 말고 정신으로 무엇을 '알아내야 하는지' 즉, **'자각'해야 하는지 감정보다 정신에** 힘을 줘서 너를 키우렴.

---

15 감정의 진가, 지담, 브런치스토리, 2024.
16 엄마의 유산, 김주원, 건율원, 2024.

넷째, **전환해.**
이제 부정감정이 지닌 에너지를 네가 원하는 방향으로 전환해보는 거야.

에너지는 '에너지 보존 법칙'에 의해 사라지지 않고 다른 형태로 전환된단다. '초고층 빌딩이 세워지거나 풀 한 포기가 자랄 때 이들은 어딘가 다른 곳에서 온 에너지가 모여서 만들어진 것[17]'이란다. 부정감정 역시 초고층 빌딩이나 풀 한 포기처럼 어디선가 전환되어 네게 왔고 그러니 너도 전환해서 보낼 수 있어. 성공한 사람들은 99% 실패 가능성에도 단 1%의 성공 가능성을 믿고 도전하지. 부정성이 강하더라도 그 99%를 긍정에너지로 변환시키는 것이야. 이 또한 '의식의 눈'으로 볼 때만 발견되는 것이야. 느껴지는 에너지에 함몰되지 말고 아주 미약하게 느껴지더라도 그것이 네가 원하는 에너지라면 변화시킬 수 있어. 긍정에너지는 무조건 성취로 이어진단다.

부정적인 에너지는 도전의 두려움에 민감하고
긍정적인 에너지는 성취의 짜릿함에 민감하지.

엄마는 요즘, 할 일은 예전보다 훨씬 많아졌지만 감정에는 훨씬 자유로워졌어. 일을 하며 책을 쓰기 위해 잠과 휴식을 줄이고 독서

---
17 엔트로피, 제레미리프킨, 세종연구원, 2015.

와 사색을 늘려야 했지만 감정적으로 편안한 이유는 독서와 사색의 힘, 그리고 성취의 짜릿함에 민감해져서야. 처음에 출간을 고민할 때만 해도 '내가 할 수 있을까, 힘들지 않을까' 두려웠고 불안했어. 그 순간까지 살아온 과거의 인식에서, 즉 엄마의 경험과 지식으로 판단했던 것이야. 그러던 엄마를 인식에서 끄집어내어 저 멀리 '바깥'에서 보게 했지. 그 '바깥'에서 엄마의 오랜 꿈을 봤단다. 그 꿈이 엄마에게 이렇게 말했어.

'힘들까 봐 두려워. 못할까 봐 불안해. 두려워? 불안해? 그래, 그럴 수 있어. 그런데 네가 두려운 건 해본 적이 없어서 잖아. 네가 불안한 건 잘하고 싶어서잖아. 잘하고 싶으면 열심히 하면 되고 모르면 배워가면 되는 거야. 책이 나온 순간에 너를 세우고 지금을 바라봐. 지금 모르니까 못하는 게 당연한 거야. 두려움과 불안은 너에게 출간이라는 꿈을 이룰 기회가 왔다는 걸 알리러 온 거야. 이제 시작하기만 하면 돼. 네 능력은 네가 생각한 것보다 훨씬 커. 네 안에 품은 위대함의 씨앗을 잊지 마.'

신기한 얘기 해줄까? 엄마가 너를 낳기도 전에 쓴 15가지의 꿈 목록이 있었단다. 그중에 책을 출간하는 것도 있었어. 지금 엄마는 그 꿈을 이룬 것이야. 이것이 의식의 힘이지 않을까? **'의식의 눈'으로 나를 본다는 건 꿈을 이룬 시점에서 지금의 나를 보는 것이**

야. 출간의 꿈을 이룬 그 느낌은 '두려움'이라는 느낌보다 훨씬 강한 것을 체험했어. 앞서 보여줬던 의식지도에서 두려움 수준에 등장하는 불안이라는 감정을, 정신을 통해 이성적으로 이해하고 해석한 것이지. 정말 두려운 감정이 힘을 쓰지 못하더라고. '감정의 방해'가 사라지니 엄마는 글에 온전히 집중할 수 있었고 '감정의 자유'는 곧 성취로 이어졌단다.

'감정의 방해'는 '감정의 배제'로,
'감정의 배제'는 '감정의 자유'로
'감정의 자유'는 곧 꿈을 위한 예견된 성취로 이어진단다.

엄마는 다시 더 강하고 커진 꿈 목록을 적었어. 감정이 방해가 되지 않고 신호가 되니 삶이 성장과 함께 익어가고 있어. 이 과정은 너무 신비롭고 신기하고 정말 굉장해!!! 게다가 이렇게 감정을 잘 다루면 3가지의 위대한 힘도 얻을 수 있다는 것을 알게 됐어.

통찰의 힘.
앞서 감정을 자각하는 단계에서 현상을 볼 때 현상의 이면에 숨겨진 의도를 파악하는 것이 중요하다고 했지? '보이는 것과 그 이면을 함께 파악하는' 힘이 통찰이야. '과거의 경험에 의하지 않고 과제와 관련시켜 전체 상황을 다시 파악함으로써 과제를 해결하는 것[18]', '통찰(洞察)'의 정의는 과거의 인식에 의하지 않고 의식의 눈으로 상황 전체를 바라보며 일을 해결하는 '감정 대처법'과 소름 끼치게 맞아떨어지는구나.

자유의 힘.
지금까지 숱하게 거론했던, 어떤 현상이 일어나도 현상의 이면을 해석할 수 사람, 감정의 바람을 '감정의 신호'로 받아들일 수 있는 사람, '의식의 눈'으로 자신을 바라보고 의식의 목소리에 귀를 기울이는 사람은 '감정의 자유'를 얻은 사람이야. 이러한 사람은 감정의 바람이 내면의 방을 휩쓸어 버리지 않도록 멈추게 할 수 있어. 일종의 구속이지. 자유와 구속은 정반대의 뜻을 가진 단어지만 구속할 수 있는 힘이 있어서 진정한 자유를 얻을 수 있는 것이란다.

감정을 다룰 줄 알게 되니 새로운 현상이 발생해 두려움이 무진장 강하더라도 해석할 수 있지. 제아무리 현실이 예측 불가능하게 일어난다지만 통찰을 지닌다면 불안보다는 안정으로 삶을 이끌어 갈 수 있어. 의식이 통찰을, 통찰이 해석을 이어준 '정신'은 곧 '감정의 자유'로 이어진단다. 정신이 감정을 지배할 수 있는 사람. 네가 그런 정신의 소유자이길...

---

18 고려대 한국어대사전.

'그는 아무리 제약을 받고 있더라도
항상 마음속에서 자유라는 즐거운 감정을 간직하고 있다.
자기가 원하면 언제라도
감옥 같은 이 세상을 벗어날 수 있다는
그런 자유의 감각 말이다[19].'

기회의 힘.

너에게 일어나는 모든 문제는 기회가 될 수 있어. 누군가에게 위기가 닥쳤을 때, 문제가 생겼을 때 그를 무너지게 만드는 건 현상 자체가 아니라 감정이란다. 우리가 흔히 '멘탈이 강하다'고 느끼는 사람은 문제가 닥쳤을 때 감정의 지배를 받지 않고 중심을 잡는 사람이잖아. 감정을 자각하면 모든 문제가 나를 키울 기회라는 걸 깨달을 수 있어. 반면, 감정에 지배당하는 사람은 기회 앞에 자신이 서 있다는 사실조차 알지 못하고 돌아서는 격이지.

그래서, 감정을 해석하는 사람에게는 다른 사람의 위로조차 필요 없단다. 자신을 키울 수 있는 기회를 가진 것이니 불평 없이 일에 집중할 수 있어. 감정이 혼란스럽다는 것은 익숙하지 않아 어렵거나 힘든 시련이 닥쳤다는 의미지. 하지만 그 어려운 수학 문제도 풀어낸 것처럼 감정도 계산하면 돼. 어렵지만 계산해서 해석하고 자각하면 결국 시련은 성장과 성취로 연결되는 기회가 될 것이야.

---

19 젊은 베르테르의 슬픔, 요한볼프강폰괴테, 민음사, 1999.

감정을 잘 해석하면 통찰이 생기고
감정을 잘 구속하면 자유가 생기고
감정을 잘 관리하면 기회가 생긴단다.

부정적인 감정이 생기는 것은 결코 잘못이 아니야. 오히려 삶을 긍정으로 이어갈 수 있도록 불을 지피는 땔감이란다. 그러니 부정적인 감정 자체에 부정성을 부여하지 않아도 돼. 단지 **감정을 수용하고 관조하고 자각하고 전환하기만 하면 된단다**. 그러면 너의 삶에서 강인한 정신의 힘과 풍부한 감정이 균형을 이루게 될 거야.

항상 '의식의 눈'을 가지렴.
미래에서 현재를 보렴.
그리고
수용하고 이해하고 해석하렴.

자, '감정도 계산'이라는 엄마의 말을 이해했겠지?
기억, 에너지, 이면의 변수를 적용해서
수용, 관조, 자각, 전환이라는 공식을 풀면
통찰, 자유, 기회라는 등식을 도출할 수 있어!

눈물을 잘 가두어라

아이야
어디선가 우는 소리가 들리거든
흘려듣지 말고 그 눈물을 가슴에 묻어 두어라

그것이 새의 울음이든
길 강아지의 부르짖음이든
눈물 우는 소리를 지녔다면

너의 가슴도 그렇게 부서질 날이 있으니
속 깊이 숨겨 두거라

아이야
눈물이 솟구치거든
울 수밖에 없는
너를 드러내는 것이다

아무도 듣지 못하게 입을 막고 울든
울음이 현관문 밖으로 새어 나가든
너의 울음으로
네 존재를 숨기지는 말아라
마음껏 드러내고 펼쳐내어라

잘 가두어 두었기에
잘 내보낼 수 있다

잘 머무르게 했기에
잘 흐르게 할 수 있다

잘 견뎠기에
잘 표현할 수 있다

네가 너이므로

박지경
안유림
안정화
이화정
최보영
황진숙

엄마의 정신을 남기며...

공부를 왜 해야 하는지 아이의 물음에 답을 찾기 위해 배우며 탐구하는 과정, 그 물음의 언저리 어디에서 '기준'의 부재를 알게 되었습니다. 공부와 기준을 중심으로 써 내려간 글을 통해 아이는 아이대로 엄마인 저는 저대로 공.부.하며 기.준.이 세워졌습니다. 작은 물음에서 부여잡은 탐구가 이렇게 엄마인 나의 작은 글을 탄생시켰고 이 글을 통해 저의 아이의 삶에도 변화가 일어납니다. 이제 탐구는 제게 놀이가 되었습니다. - 박지경

참 불편했습니다. 출퇴근하고, 아이 키우기도 힘든데 왜 이런 책까지 쓴다고 했을까? 게다가 정신을 글로 남기라니. 답은 없었습니다. 하기로 했고, 해야 했습니다. 그렇게 그냥 했습니다. 그 길 끝에 저는 명쾌한 답을 얻었습니다. 성장은 불편하다. 편한 길이

옳은 길은 아니다. 가고자 하는 길을 가라. 이렇게 저는 자녀에게 제 정신을 남겼습니다. - 안유림

『엄마의 유산』글을 쓰는 동안 나를 멀리서 바라보고 자각하며 변화하는 시간이었습니다. 삶에서 어둠을 만나 길을 잃었을 때 빛이 되는 지혜를 남기고 싶어 꾸준히 배우며 썼습니다. 그리고 깨달았습니다. 물려주고 싶은 정신의 유산은 아이들만을 위한 것이 아니라는 걸. 나와 아이들 모두를 위한 것이라는 걸. 전하고 싶었던 메시지가 지혜의 빛이 되어 읽는 분들의 삶에 잘 스며들었으면 좋겠습니다. 이 책이 나오기까지 각자의 방식으로 지지해 준 가족과 작가님들께 감사를 전합니다. - 안정화

생명이 움트는 봄에 저도 움텄나 봅니다. 글의 키워드를 발견한 후 매일 콩나물에 쏟아지는 물처럼 수많은 책 속 성현들의 정신세례를 받았습니다. 제 글처럼 온화와 포용이 공감으로 이어져 화강암 같은 단단한 성장이 이뤄졌음을 절절하게 경험했습니다. 걷는 길이 외롭지 않았던 이유는 함께 읽고 쓴 작가들의 아우라 덕분입니다. 이들 모두에게 감사와 사랑을 보내고 이 글이 저처럼 평범한 엄마들에게 희망이, 평범한 우리 자녀들에게 무한한 힘이 되기를 바랍니다. - 이화정

유산은 완성된 형태로 남는 것이 아니라, 다듬고 고치며 끝까지

붙들고자 했던 그 마음으로 남는 것 같습니다. 매일 덜어내고 다시 쓰는 시간 속에서, 저는 저를 더 단단히 붙들 수 있었습니다. 엄마로서, 여성으로서, 사회인으로서. 그렇게 끝내 다듬어 써내려간 한 줄의 글, 한통의 편지보다 다듬고자 했던 그 깊고 강한 마음이 우리 자녀들에게 닿기를 간절히 바랍니다. - 최보영

Learn for growth, grow for sharing! 나의 삶의 모토!. 올해 초 성장을 위해 '글쓰기'를 하고 싶었습니다. 우연히 접한『엄마의 유산』을 읽다가 저도 쓰기로 마음을 먹었습니다. 역시 마음먹은 대로 됩니다. 어느 날 저는 진짜 글을 쓰고 있고, 지금 출간작가가 되어 있습니다. 이 꿈만 같던 출간이 맘을 먹고 시작만 하면 된다는 것을, 무엇보다 엄마인 제가 제 자녀를, 제 자녀와 함께 할 모든 자녀들에게 정신을 유산으로 남기게 되었습니다.『엄마의 유산』은 우리 삶의 교과서입니다. - 황진숙

『엄마의 유산』 공저 안내

엄마의 유산 - 우주의 핵은 네 안에 있어

초판 1쇄 인쇄 : 2025년 7월 28일
초판 1쇄 발행 : 2025년 7월 30일

글 : 황진숙, 박지경, 최보영, 안유림, 안정화, 이화정
북디자인 : 정근아

출판사 : 건율원
출판등록 : 신고번호 제 2024-000026호
주소 : 경기도 양평군 청운면 청운삼성길 64-15
전화 : 010 9056 9736
홈페이지 : https://guhnyulwon.com

(C) 김천기, 김경숙, 황진숙, 박지경, 최보영, 안유림, 안정화, 이화정, 2025

ISBN 979-11-989986-1-3 03190

* 이 책의 전부 또는 일부 내용을 사용하려면
  반드시 저작권자와 건율원의 동의를 받아야 합니다.
* 인쇄, 제작 및 유통상에서 발생한 파본 도서는 구입하신 서점에서 교환 가능합니다.
* 단체 주문을 원하시는 분은 건율원에 문의주시기 바랍니다.